守　望　经　典　　　　学　问　弥　新

未名社科·大学经典

与社会学同游
人文主义的视角
Invitation to Sociology
A Humanistic Perspective

〔美〕彼得·L. 伯格 著

何道宽 译

北京大学出版社
PEKING UNIVERSITY PRESS

著作权合同登记号　图字：01-2014-5524
图书在版编目（CIP）数据

与社会学同游：人文主义的视角/（美）伯格（Berger, P. L.）著；何道宽译. —北京：北京大学出版社，2014.9
（未名社科·大学经典）
ISBN 978-7-301-24709-9

Ⅰ.①与… Ⅱ.①伯… ②何… Ⅲ.①社会学—研究 Ⅳ.①C91

中国版本图书馆 CIP 数据核字（2014）第 195740 号

Invitation to Sociology: A Humanistic Perspective
First Anchor Books Edition, 1963
Copyright © 1963 by Peter L. Berger
All rights reserved under International and Pan-American Copyright Conventions. Published in the United States by Anchor Books, a division of Random House, Inc., New York, and simultaneously in Canada by Random House of Canada Limited, Toronto. Originally published in the United States by Anchor Books.
This translation published by arrangement with Vintage Anchor Publishing, a division of Random House, Inc.

书　　　名	与社会学同游：人文主义的视角 YU SHEHUIXUE TONGYOU: RENWEN ZHUYI DE SHIJIAO
著作责任者	〔美〕彼得·L. 伯格（Peter L. Berger）著　何道宽 译
责 任 编 辑	周丽锦
标 准 书 号	ISBN 978-7-301-24709-9
出 版 发 行	北京大学出版社
地　　　址	北京市海淀区成府路 205 号　100871
网　　　址	http://www.pup.cn
新 浪 微 博	@北京大学出版社　@未名社科-北大图书
微信公众号	北京大学出版社　北大出版社社科图书
电 子 邮 箱	编辑部 ss@pup.cn　总编室 zpup@pup.cn
电　　　话	邮购部 010-62752015　发行部 010-62750672 编辑部 010-62765016
印 刷 者	北京汇林印务有限公司
经 销 者	新华书店
	890 毫米×1240 毫米　A5　8.5 印张　181 千字 2014 年 9 月第 1 版　2025 年 4 月第 13 次印刷
定　　　价	49.00 元

未经许可，不得以任何方式复制或抄袭本书之部分或全部内容。
版权所有，侵权必究
举报电话：010-62752024　电子邮箱：fd@pup.cn
图书如有印装质量问题，请与出版部联系，电话：010-62756370

彼得·L. 伯格
(Peter L. Berger, 1929—)

经典作家小传

彼得·L.伯格

(Peter L. Berger, 1929—2017)

奥地利裔美国著名社会学家,路德教派神学家,主攻社会学、宗教社会学、神学,其著作论及当代重大的政治、经济、社会、文化和宗教问题。

第二次世界大战末期,他从奥地利移居美国,20世纪50年代初在纽约市社会科学新型学院获得博士学位,旋即到德国大学执教,60年代初即已成名。

他既博采众长,又独树一帜;兼具德国学术的严谨和美国学术的创新,将日耳曼思想的缜密和美国文风的活泼熔为一炉。

他的其他作品包括:《现实的社会构建:知识社会学论纲》《现代性、多元性和意义危机》《神圣的华盖:宗教社会学精要》《资本主义精神:财富创造过程中的宗教伦理》《多种全球化:当代世界的文化多元性》《牺牲的金字塔:政治伦理和社会变革》《社会凝聚的极限:多元社会里的冲突和调节》等。

名师点评

在现代社会学的180年历史中,大多数人将社会学视为一门欲与自然科学比肩而产生的实证科学。但从齐美尔和韦伯起,有关社会学的人文主义思潮同样源远流长。作为现象学社会学创始人舒茨的学生,彼得·伯格有理由,也有信心通过对社会现实建构过程中主观意义的揭示,告诉我们与实证社会学所依赖的经验、数据、事实或有效性迥然不同的人文主义的社会学性质。这种人文主义性质既体现在我们如何看(see)这个世界的过程中,也体现在这一学科所蕴含的道德诉求之中。

——周晓虹(南京大学社会学系教授)

一部堪称经典的社会学入门书。作者一反教科书面面俱到的写法,择要描绘了社会学的主要议题,充满人文关怀和反思性,深入浅出而不乏洞见,使初学者在轻松阅读中看到社会学事业的宏观图景。

——刘欣(复旦大学社会学系教授)

本书描绘的社会学是一种能够把个人情趣与追求真相的科学精神、专业智慧与常人关怀结合成一体的学科。社会学其实比一般人心中的形象更加精彩。作者所描述的社会学是那种能够发现人类行为的无比丰富性、能够在个中人不以为奇的现象中展现专业洞见的学问——这种学问会多一些人文情愫,少一些枯燥沉闷。

——高丙中(北京大学社会学系教授)

目　录

译者前言　/ 009
作者前言　/ 025

第一章　作为个人消遣的社会学　/ 001
第二章　作为意识形式的社会学　/ 029
第三章　"补记"：选择与生平叙事
　　　　（亦名：如何获得预制的过去）　/ 061
第四章　社会学视角——人在社会　/ 077
第五章　社会学视角——社会在人　/ 105
第六章　社会学视角——社会如戏　/ 139
第七章　"补记"：社会学的马基雅弗利主义与伦理学
　　　　（亦名：如何做到谨慎又伪装下去）　/ 175
第八章　作为人文学科的社会学　/ 191

文献述要　/ 206
索　引　/ 218
译者后记　/ 238
译者介绍　/ 240

译者前言

这篇小序介绍伯格其人及其作品,分为书名玩味、伯格成就和各章提要三部分,笔者的一些感悟和评价也贯穿其中。

一、书名玩味

这是一本老书,初版于 1963 年;又是一本小书,不到 20 万字。可它被奉为经典,至今不衰,颇像吕叔湘先生的《语文常谈》、朱自清先生的《经典常谈》和王力先生的《诗词格律》。它们都使人难以割舍,常读常新,给人启迪。

该书原名 *Invitation to Sociology*,和以上三位先生的著作一样平实,直译是《社会学的邀请》,台湾地区的繁体字版译为《社会学导引》,香港中文大学的金耀基先生建议译为《社会学的邀约》,还有人撰文将其译为《欢迎学习社会学》,而我则将其译为《与社会学同游》。为什么呢?

1. 该书突出了一个"游戏"的主题,全书共八章,其中两章就带有浓重的"游戏"色彩:第一章题名"作为个人消遣的社会学",第六章题名"社会如戏"。

2. 书中两次提及并评述荷兰学者赫伊津哈的名著《游戏的人》,完全赞同赫伊津哈对游戏的定位:"除非把人当作游戏的物种,除非研究人游戏和游乐的一面,否则我们就不可能把握人类文化"(140页,引文页码为原书页码,下同)。

然而,我们必须提醒读者,这里所谓"游戏"绝不是庸俗意义上的"混世",而是庄重的"王者游戏",没有一点墨水的读者是没有资格上场玩耍的。作者是这样说的:"在如今的学术消遣里,我认为社会学是一种'王者游戏'。那些连多米诺骨牌都不会玩的人,不可能应邀参加国际象棋的争霸赛"(vii 页)。

他所谓的"消遣"是一种激情:"不错,社会学是个人的消遣……但'消遣'这个词比较弱,不足以描绘我们需要表达的意思。社会学更像是一种激情。社会学视角颇像使人着魔的精灵,无情地驱使我们不断地考问它自身的问题"(24 页)。

彼得·L. 伯格这本书颇像以上三位中国学者的三本书,它们虽为经典,却又面对大众。但伯格这本书又不完全像以上中国经典,不同之处首先是它比以上三本书的篇幅小,其次是它至今仍是美国社会学和相关学科研究生的必读书。

二、伯格成就

彼得·L. 伯格(Peter L. Berger,1929—)是世界知名的美国社会学家,著作二十余部,相当一部分已经被译成二十余种文字。他主攻社会学、宗教社会学、神学,但他的著作又超越这些主攻领域,论及当代重大的政治、经济、社会、文化和宗教问题。以下书名足见他涉猎之广:《与社会学同游:人文主义的视角》《现实的社会构建:知识社会学论纲》《给笑声正名:人类经验的喜剧性》《现代性、多元性和意义危机》《资本主义革命:关于繁荣、平等和自由的50大命题》《家庭之战:夺取中场》《神圣的华盖:宗教社会学精要》《资本主义精神:财富创造过程中的宗教伦理》《彼得·伯格与宗教研究》《多种全球化:当代世界的文化多元性》《牺牲的金字塔:政治伦理和社会变革》《社会凝聚的极限:多元社会里的冲突和调节》《丧家的心灵:现代化与人的意识》《肃穆会堂的噪声》《天使的谣传:现代社会与超自然的再发现》《世界的非世俗化:复兴的宗教及全球政治》等。最后这一本已有中译本,2005年由上海古籍出版社推出。我们这一本《与社会学同游:人文主义的视角》是他第二部在中国大陆被翻译并出版的作品。

伯格既博采众长,又独树一帜。他兼具德国学术的严谨和美国学术的创新,将日耳曼思想的缜密和美国文风的活泼熔为一炉。第二次世界大战末期,他从奥地利移居美国,20世纪50年代初在纽约市的社会科学新型学院获博士学位,旋即到德国大学执教,60年代初即已成名。

社会科学新型学院名字看似寻常,但名气却很大。该校在二战期间由流亡美国的德国学者创办,具有严谨的德国学术传统。伯格的老师卡尔·梅耶尔久负盛名,以弘扬卡尔·马克思和马克斯·韦伯的社会学思想为己任。

伯格继承了梅耶尔严谨的学风和马克斯·韦伯空灵的社会学思想,偏爱宗教社会学,却不固守一方小天地。他笔耕五十余年,至今不辍,进入21世纪后仍有著作问世,且继续产生广泛的影响。他涉足很多学科领域,兼有神学关怀和世俗关怀,他的宗教著作仿佛出自无神论者笔下。在西方主导的全球化浪潮中,他的近著倡导多种全球化和多元文化。

《与社会学同游》初版于1963年,伯格时年34岁。这部"习作"使他一举成名,展现了他缜密的思想和举重若轻的文风。这本书信息密集,精彩纷呈。我们在"成就"这一部分先略作概括,在下一部分"各章提要"里再予以仔细梳理。

在这本书里,伯格肯定社会学创始人孔德的实证主义和理性主义传统,却又批评孔德的唯科学主义。孔德企图以社会学统驭一切社会科学、代替一切社会科学,伯格批判这种"王者学科"的自大思想。他追溯美国社会学发展史上的理论——经验——理论转向,批评唯科学主义的研究方法、唯方法论的经验主义和唯技术论的统计分析。他主张社会学向其他学科开放,向不同的研究方法开放。他提倡广阔的视野、宽容的心态。他接受不同的社会、文化和世界,审视种族、阶级、社区和群体,解剖人的属性、身份、角色和主体性。他既认为社会学是方法论意义上的"科学",又认为社会学是人文关怀意义上的人文学科,认为社会学关心的首先是人的生存境遇,主张社会学向哲学和史学的人性关怀学习。他反对孔德把社会学构建成"道德科学"的思想,又认为社会学是横跨社会科学和人文科学的学问,本书副标题"人文主义的视角"就是这一思想的鲜明写照。

伯格拥有众多的拥趸,且深受同行的青睐,为他注疏和诠释的不乏小有成就的学者。好事者为他建立的网站不止一个,有些网站规格之高,资料之翔实,令人陶醉。有关他的信息不是被一网打尽,而是由"多网打尽"。单以他这本《与社会学同游》为例,你就可以在网络中检索到评论、提要、批注、注疏、解释、语录,甚至词汇表。当代在世学者很难享受到这样的待遇,一本小小的普及读物居然有人做详细的注疏,实在是非常罕见。

三、各章提要

伯格的这本小书达到了很高的境界,兼顾了不同的对象。一方面,它文字清丽、平实,既文采飞扬,又明白如话。全书的谋篇布局、起承转合,一目了然;段落的开合张弛,环环相扣;文字的诙谐幽默,令人莞尔;章节标题之异常意象,令人眼前一亮。阅读和翻译这本书真是一种享受。所有这些文体特征都兑现了他照顾一般读者的承诺。另一方面,他又在学科内外的广阔背景中大开大合,以鲜明的论辩色彩对各家各派的理论和方法予以点评,旗帜鲜明地予以臧否。如果没有深厚的学养,作者是没有资格指点江山、激扬文字的;如果没有深入浅出的理论成就,学界也不会肯定他半个世纪以前写的这本"旧书"。

本书的特点之一是没有注释,乍一看很不严谨,缺乏学术著作的起码规范,其实这是作者有意为之。为了行文的流畅,作者决定不用一条注释。但为了弥补由此可能产生的不足,他又打破参考文献的惯例,他不用甲乙丙丁的罗列式,而是采取"文献述要"的评注式。这样的"文献述要"至少有三个好处:(1)满足研究者的需求,指点要津;(2)界定作家、作品的意义和地位;(3)增加本书的分量。

然而,我们的中译本却不得不反其道而行之,原因很简单:(1)社会学是舶来品,在作家、作品、理论、方法、术语、概念方面都有大量陌生的知识,我们不得不注;(2)学科之外的西方文化背景亦有不少隔膜,不得不注。另一方面,考虑到本书读者多半有一定的人文社科修养,我们又适当控制注释的数量。

和一切自序一样,本书的"作者前言"也开宗明义地点明写作的宗旨、对象和追求。它邀请一般读者神游一个学术殿堂。与此同时,它又对读者的资格做了一定的限制,因为社会学不是普通游戏,而是"王者游戏"(vii 页)。另一方面,作者力求使本书经得起学界的挑剔。

除了自序和文献述要,本书共八章,各章标题诡异而新奇。

我们先用最简短的文字给各章"破题",然后才转入分章的提要。第三章和第七章题名"补记",这是作者故意偏离常规、尽情发挥的两个领域。第一章"作为个人消遣的社会学"是一封邀请书,希望读者能够在一场"王者游戏"中得到愉悦,同时又警告读者潜在的风险。第二章"作为意识形式的社会学"点明社会学的追求,这里所谓社会学的"意识形式"就是社会学的知识和社会学对社会的理解。第三章"补记"讲人生的思想变化、自我形象、世界观和人生阅历。第四章"人在社会"把社会比喻为监狱,把人比喻为重重大山重压之下的小生灵,主题是社会控制。第五章"社会在人"继续讲"监狱说",但重点放在内心的自我约束。第六章"社会如戏"指出逃生隧道,讲如何获取自由。第七章"补记"讲社会学的伦理关怀,论述马基雅弗利主义的中性意义、正面意义和负面意义。第八章"作为人文学科的社会学"进一步批判社会学盲目的"科学追求",并且用人文关怀予以矫正。

现在讲第一章。有几个关键词值得特别关注,它们是:消遣、激情、形象、发现、智慧。"消遣"和"激情"已如上述。"形象"是本章的重头戏。作者首先辨析社会学家在一般人心目中的形象:(1)社会工作者;(2)社会工作者的理论导师;(3)社会改良者;(4)统计数字的采集人;(5)超然、冷嘲的观察者。伯格勾勒这些形象,探索其根源,指出其不足,然后提出"理想化"的社会学家的形象。

第二章"作为意识形式的社会学"这个题名非常晦涩,所以有必要首先做一番题解。反复琢磨之后,我的解释是:社会学是理解人与社会的一种觉悟、一种知识、一种人文修养。

这一章的重中之重是社会学意识的四大母题:揭露真相、不恭敬的态度、中性化趋势、世界眼光。我们将一一介绍,不过在此之前,有必要对作者做的铺垫做一番解释。

首先作者说明,社会学是西方现代的产物,从马克思、韦伯、孔德算起也不过只有150年的历史。因此对我们而言,如何消化、改造并建立中国的社会学,如何摆正社会学与马克思主义的关系,如何分辨社会学与相邻学科,尤其是与人类学和心理学的关系,仍然是一场严峻的挑战,中国社会学任重而道远。

接着作者对"社会"和"社会学问题"这两个基本术语进行辨析,道理虽然不言自明,但不同学派和学者的界定未必一致。

"揭露真相"是社会学意识的第一个母题。想到美国20世纪初新闻界的"扒粪"运动,这个母题不难理解。我们感兴趣的是作者如何从美国的理论和实践出发去说明这个母题。

作者首先肯定社会学是怀疑的艺术。接着作者指出,揭露真相是社会学的固有逻辑。

社会运行的功能分为显性功能和隐性功能。这种功能二分法是美国社会学家罗伯特·默顿的基本理论之一,伯格同意并借用这个二分法,借以呼应并验证他自己揭露真相的母题。

社会学意识的第二个母题是"不恭敬的态度"。社会是一分为二的,上层社会和下层社会构成两个不同的社会,其中生活着两种不同的人,这两种人对社会的态度分别是恭敬和不恭敬的,这是很自然的。

20世纪上半叶,芝加哥学派雄踞美国社会学领域的霸主地位。该学派的重要特征之一就是"不恭敬"。无论是研究激荡和巨变的移民社会、城市化、舆论还是社会控制,无论是研究移民报刊、社区、小城镇、职业还是下层社会,该学派的学者都以不恭敬的态度揭露社会真相。当然,社会学家研究社会的态度任何时候都是一分为二的,但芝加哥学派,尤其是该学派的索斯坦因·凡勃伦和威廉·托马斯似乎更加偏向于不恭敬的态度。虽然伯格在学术传承上与芝加哥学派无缘,但他继承了德国学界的批判传统,所以他也偏向于不恭敬的态度。

社会学意识的第三个母题是"中性化趋势"。伯格的学术理论和实践有力地说明,他不标榜某一种社会、某一种文化是唯一的标准。他用变化、宽容、尊敬的态度去对待其他的社会、文化和世界。

社会学意识的第四个母题是"世界眼光"。在本章的结尾,他写了这样一段话:"社会学的视野是放眼于人类生活的广博、开放的视野,是摆脱了束缚的视野。最优秀的社会学家能够欣赏奇乡异土,他的内心向无限丰富的人类潜力开放,他热情追求新的视野,追求人类意义的新世界"(53页)。该书是伯格早期的练笔之作,但已经显示了他的世界眼光。此后的一些著作进一步拓展了他的世界眼光,其中的《现代性、多元性和意义危机》《多种全球化:当代世界的文化多元性》《社会凝聚的极限:多元社会里的冲突和调节》尤其如此。

第三章"补记"题名"选择与生平叙事"。这是本书的两章"补记"之一。这两篇"补记"名不副实,并非可有可无的"阑尾"。

这个怪异的名字值得我们仔细琢磨。我想,除了标新立异、引人注目之外,作者的主要意图是注入一般社会学论著里不包含的独到见解,借以放飞自己的社会学想象力。

这一章"补记"转入微观分析的层次,研究个人如何构建自我形象、重组人生阅历和世界观,如何描绘一幅又一幅的"自画像",如何在不断构建人生阅历和世界观的过程中应对思想变化的挑战。

人的空间流动、社会流动和语言体系的变化都必然要引起思想变化,最大的思想变化是世俗信仰的变化和宗教信仰的变化。在所有这些变化中,个人都在对自我形象和人生阅历进行调整。大多数时候,这样的调整和重构都是不自觉的,都是朦朦胧胧、似醒非醒的,并非刻意为之的。

对人生阅历的调整和重构多半是不自觉的,然而重新解释人生阅历、改变世界观、改信另一种宗教却是刻意为之的。在应对世界观、信仰变化的挑战时,社会学能够以比较清醒的意识给人提供保护。

第四章"人在社会"转向人与社会的关系,介绍"社会决定论"的观点:社会如监狱,人如囚徒。迪尔凯姆曾说:社会外在于人,社会现象是客观的"事物",从内到外都给人定位,界定人的角色和身份,决定人的命运,在社会这个庞然大物面前,人是被动而无助的。

这一章有五个主题:"自我"的社会定位、社会控制机制、社会分层、社会情景和制度。

人的社会定位使人处于被动的地位。本章列举的社会控制机制有:暴力、初级群体、社群、机构、职业系统和个人生活圈子。

暴力作为控制机制不言自明，毋庸赘言。社会控制机制犹如一张罗网，谁也逃不掉；又好比是一个个禁锢人的同心圆，谁也无法突破重重封锁；亦好比是重重大山，压得人难以动弹。

初级群体的控制机制包括规劝、嘲讽、议论、羞辱和放逐；社群的控制机制包括道德、风俗和礼节；机构的控制机制包括"辅导""指导"和"治疗"；职业系统的控制机制包括升迁、开除和经济惩罚；私人生活圈子的控制机制包括非难、威信扫地、讥讽和鄙视。

本章的第三个主题是社会分层，伯格提及的社会分层有阶级体系、种族体制、种姓制度，这是读者很熟悉的领域。

本章的第四个主题是社会情景。在人与社会情景的关系中，人是比较被动的。这个术语是芝加哥学派的主将威廉·托马斯提出的。有关社会情景对人的压力，伯格以婚恋和人生仪式为例加以说明。

本章的第五个主题是制度。"制度"是德国社会学家阿诺德·盖伦提出的。伯格说："制度是一套特色鲜明的社会行为。因此我们可以说，法律、阶级、婚姻、有组织的宗教构成了制度……制度是一种调控机制，像本能引导动物行为一样疏导人的行为。换句话说，制度提供程序，通过这种程序人的行为模式化，被迫沿着令社会满意的渠道前进"（87页）。

为了强化社会如监狱的比方，本章的结束语描绘了一幅令人沮丧的图画："社会外在于我们，包围我们，涵盖我们生活的一切方面……我们的定位几乎预先决定和界定了我们所做的一切……如果我们跨越雷池，针对我们的社会控制机制和压制手段几乎是无穷无尽的……总之，社会是让我们身陷囹圄的历史囚笼"（91—92页）。

第五章题名"社会在人"，这是第四章"人在社会"的继续，作者继续论述"监狱""囚笼"和人人"不自由"的社会定位。"人在社会"讲的是来自社会的外部压力，所以"监狱"的比方比较妥当；"社会在人"讲的是来自人内心的压力，所以"木偶剧场"的比方比较妥帖。

社会枷锁使人压抑，人们却能够承受，没有被枷锁压垮。为什么呢？因为"我们想要服从社会。我们想要得到社会指派给我们的身份和角色"（93页）。

为了解释人为什么能够承受社会的重压，伯格广泛参照和点评了其他社会学家的一些理论，重点的有三种——角色理论、知识社会学和参照群体理论，其他的关键词有身份、自我形象、意识形态、社会化、内化、心理分析、群体治疗、世界观等。

角色理论是美国的土产，滥觞于威廉·詹姆斯与查尔斯·霍顿·库利，成形于乔治·赫伯特·米德。参照群体理论是知识社会学和角色理论的桥梁。

角色理论认为，人的身份是被动接受的，不是主动选择的，这能够解释人的"囚徒"和"木偶"困境。

提出参照群体理论的是赫伯特·海曼，罗伯特·默顿和樟幸雄也作出了很大的贡献。不过，本章对参照群体理论着墨不多，作者把重点放在角色理论和知识社会学上。

从宏观上说，角色是由社会决定的，已如上述；从微观上看，角色和身份是由社会情景决定的，身份是由他人决定的。

有趣的是，面具、角色和人这三个词同出一源（*persona*）。古希腊的喜剧演员戴面具，面具决定角色，也决定演员的身份。

知识社会学起源于欧洲,贡献最大者是两个德国人:麦克斯·谢勒和卡尔·曼海姆。知识社会学回答"谁说的"这个问题。

伯格给意识形态下了这样一个定义:"某一思想为社会上的某一既得利益服务时,我们就把这种思想称为意识形态"(111页)。他指出,意识形态常常扭曲社会现实,但意识形态不同于欺骗和撒谎。

人的世界观由社会决定。

人的社会化就是内化,儿童的内化分两步走,可以用乔治·赫伯特·米德的角色理论来解释社会化过程。社会化过程就是"承担他人的角色"(to take the role of the other)的过程,儿童在与他人的互动中接受社会分配给他的角色。第一步是在与父母的互动中完成的,父母是"重要的他人"(significant others)。第二步是在大范围的社会互动中完成的,父母和亲密圈子之外的人叫作"泛化的他人"(generalized others)。(99页)

本章的结尾震撼人的心灵:"监狱""囚笼""枷锁"是人和社会共同打造的。伯格说:"我们受制于社会的枷锁,这个枷锁不是我们被征服后套在我们身上的,而是我们和社会合谋打造的……我们与社会的合作就是对自己的背叛,我们自己纵身跳进了社会的陷阱"(121页)。

第四章和第五章讲人的囚徒困境,"监狱"和"木偶剧场"这两幅画都令人压抑。那么人有没有"越狱"获得自由的可能呢?伯格的回答是:有。

于是,他通过第六章"社会如戏"给我们指出了几条逃生的隧道。他要回答这样一些问题:人自由吗?人不自由吗?人既自由又不自由吗?何为自由?如何验证自由?什么手段不能验证自由?什么手段能够验证自由?人"注定是自由的"吗?

作者首先指出,自由的概念难以把握。他接着说什么手段不能验证自由:经验手段不能验证自由;科学方法不能验证自由;社会学框架本身不能验证自由。

如果社会学家需要验证自由,他就必须要向哲学家学习。伯格指出的逃生隧道是:变革、超然和巧妙利用。一些帮助我们获取自由的关键词是:神授魅力、角色距离、"游离"。一些帮助我们理解自由的比方是:人生如戏、如剧场、如舞台、如狂欢节,社会生存如两面神、如悲喜剧。

社会变革和革命可以推翻社会压力,一切变革都是先内后外的,内心的变革走在社会变革之前,内心的变革就是自由。

超然的态度可以减轻社会压力。靠超然态度结合成的圈子有"亚文化"和"反社会"等(132页)。

另一个减轻压力、获取自由的手段是"操纵""巧妙利用":"所谓巧妙利用就是用正常运转之外的方式去利用社会制度"(134页)。

马基雅弗利提倡的谋略是另一种"操纵"的手段,他帮助我们矫正社会压抑。

戈夫曼的"角色距离"概念可以帮助我们减轻压力。

"游离"可以使人忘记"理所当然的世界",从而减轻压力。

伯格十分推崇"游戏"的概念,人生如戏,人生即戏。他借用了几位大师的学说。赫伊津哈把游戏作为人和社会的本质特征,已如前述。德国哲学家格奥尔格·齐美尔的社交理论也可以解释游戏,且可以作为减轻压力的手段。

伯格借用了存在主义哲学家保罗·萨特有关"自由"和"自

欺"的概念。萨特认为,人不但是自由的,而且"注定是自由的"(condemned to freedom)。有人借口"身不由己""不得已而为之",其实是放弃了对自由的选择,是逃避自由,这就是"自欺"。(142—147页)

伯格借用的另一个存在主义哲学的概念是海德格尔有关"人"的观念,用以说明:如果在泛化的"人"中失去自我,那就是不自由。

在本章的结尾,伯格用两面神的比方来说明社会生存既自由又不自由的悖论。

第七章是本书的第二篇"补记",题名"社会学的马基雅弗利主义与伦理学",专讲社会学的伦理关怀,肯定马基雅弗利主义的中性色彩,又指出马基雅弗利思想被用于正面意义和负面意义的两种可能性。

本章开宗明义表明作者的立场:伯格既是社会学家,也是神学家,但他要"邀约读者品尝一些世俗的颠覆观念",而不"用宗教情怀来使众所周知的事实倒人胃口"(151页)。

伯格肯定,马基雅弗利主义可以帮助我们突出重围,冲破囚笼和监狱。马基雅弗利主义本来是政治权术和谋略,伯格借用它来作为人追求自由的手段。

社会学家有道德关怀,但社会学不是"道德科学"。

社会学有助于人的教化(humanization)。伯格用三个例子来说明社会学在这方面的贡献:种族问题、同性恋问题和死刑问题(155页)。

本章结尾高调肯定了马基雅弗利主义的积极意义。

本书最后一章题名"作为人文学科的社会学",呼应并强化本书的副标题"人文主义的视角"。本章一开头,作者指出社会学强烈的人文关怀,断言社会学具有人文科学的性质,而且,本章结尾(本书结尾)的最后一句话斩钉截铁地说,社会学就是人文科学:"社会学是人文学科,这个结论具有铁定的合理性"(176页)。

本章有几个亮点:(1)在方法论上,社会学是"科学";(2)在人文关怀上,社会学是人文科学;(3)在方法论上,作者批判唯实证主义、唯经验主义、唯方法论、唯社会学主义。

伯格指出了社会学三点独特的价值:(1)平民焦点;(2)善于倾听;(3)负责任的评价。

社会学还能够作出如下贡献:(1)坚守大学的人文传统;(2)有助于心灵的文明开化。

社会学最大的贡献在于,它有利于确立人的主体性,有助于人逃离社会的"监狱""陷阱"和"木偶操纵线",鼓励人去追求自由。

何道宽

深圳大学传媒与文化发展研究中心

2014年6月

作者前言

本书的宗旨在于让读者去阅览,而不是去研究。本书亦非教科书,作者无意做系统的理论构建。它邀请你神游一个精神世界,我认为,这个精神世界既令人激动,又意义隽永。在发出邀请时,有必要向读者描绘他即将神游的世界;与此同时,如果读者想要认真对待我发出的邀请,他就必须要超越这本书的范围,这样说的道理是显而易见的。

换句话说,本书的对象是由于这样那样的原因想知道社会学或考问社会学的人。我想这些人里有考虑认真学习社会学的学生,其他的读者可能是所谓"有文化的公众"。这是一些更加成熟的人,一个略带神秘色彩的群体。此外我还设想,本书也会吸引一些社会学家,虽然它陈述的事情几乎无一不是社会学家的常识,这是因为我们这样的社会学家全都有某种自恋的情绪,都志得意满地欣赏包括我们自己在内的一幅图画。因为本书针对的读者范围相当广泛,所以我尽力避免使用社会学行话,这些行话使社会学家的名声不太好。与此同时,我又避免居高临下地对读者讲话,主要是因为我认为居高临下的立场令人作呕。另一个原因是,在应邀参加这场游戏的人里,我不太想包括人们不得不居高临下地与其讲话的对象,包括学生。我想坦率地说,在如今的学术消遣里,我认为社会学是一种"王者游戏"(royal game)。那些连多米诺骨牌都不会玩的人,不可能应邀参加国际象棋的争霸赛。

这样的写作意图可能会暴露作者在自己领地里的偏向,这是在所难免的。这一点从一开始就必须坦率承认。倘若其他社会学家,尤其是美国社会学家垂顾本书,其中一些人可能会由于作者的取向而感到恼怒,会非难其中的一些思路,他们可能觉得一些重要的问题被遗漏了,这也是难以避免的。我只能够说,我尽力忠诚于社会学领域的核心传统,这个传统滥觞于社会学的经典著作,同时我坚信,这个传统具有持久的合法性。

我在社会学领域的偏好一直是宗教社会学。从书中所举的例子中大约就可以看出这个倾向,因为它们自然而然地涌现到我的脑海里。然而除此之外,我尽力避免强调我的专业领地。我想邀请读者到一个广袤的王国里徜徉,而不是在我栖居的那个小村落里溜达。

在本书写作过程中,我面对两种选择:或提供数以千计的注释,或根本不加任何注释。我的决定是不用注释。我觉得,赋予本书条顿人(Teutonic)那种滴水不漏的论文外貌几乎于事无补,并不会给它增色。在行文的过程中,每当遇到社会学领域非通用的思想时,我就提供主张者的名字。在书末的"文献述要"里,我再次提到这些学者,读者在此还会看到关于进一步阅读的建议。

我在自己领域里的一切思考,都要感谢恩师卡尔·梅耶尔(Carl Mayer)的教诲。倘若他读到这本书,我猜想其中有些段落会使他皱眉头。但我仍然希望,他并不认为本书推出的社会学理念,是对他传授的社会学的歪曲。我在本书里持这样的立场:一切世界观都是许多人共谋的结果。一门学问里的观点也可以说是许多人共谋的结果。所以在结尾处,我想要感谢三位同仁,和他们的交谈及争论使我获益匪浅。这三位同仁是:布丽奇特·伯格(Brigitte Berger)、汉斯弗里德·凯尔纳(Hansfried Kellner)和托马斯·卢克曼(Thomas Luckmann)。他们在本书以后的篇章里将会发现,许多东西是我们交谈和争辩的结果。

彼得·L.伯格
于康涅狄格州哈特福特

第一章　作为个人消遣的社会学

经典名句

◆ 社会学家以科学家的身份工作,他尽力做到客观,控制个人的喜好和偏见,尽量获得清楚的感知,而不是去做规定性的评判。

◆ 他注意的焦点不是人们所作所为的终极意义,而是行为本身,他把某人的某一行为看做人类无比丰富的行为的又一例证。这就是应邀和我们一道游戏的社会学家的形象。

◆ 社会学令人神往的一面是:其视角使我们用新的目光去审视我们生活于其中的非常熟悉的世界。

◆ 社会学的首要智慧是:事物并非表面看上去的样子。

◆ 社会现实有许多层意义。每发现一层新意义都会改变人对整个社会现实的感觉。

马克斯·韦伯(1864—1920),德国著名社会学家、政治学家、经济学家、哲学家,是公认的现代社会学和公共行政学最重要的创始人之一。

取笑社会学家的俏皮话非常少。他们为此而感到沮丧,当他们和自己的表亲心理学家比较时尤其感到沮丧;心理学家比较受宠,昔日的教士们在美国幽默中独步天下的优势,很大一部分已经被心理学家夺取。每当在聚会中被人介绍的时候,心理学家总是成为众人注意的目标,同时也成为大家揶揄的对象。与此相比,同样场合中的社会学家却不太可能引起多大的反应,可能和保险推销员引起的注意差不多吧。

　　社会学家要想引起别人的注意要费九牛二虎之力,与普通人毫无二致。这令人烦恼,也不太公平,却能够给人启示。关于社会学家的俏皮话少得可怜,这当然说明他们不如心理学家,心理学家已经成为大众想象力的组成部分。与此同时,这也可能显示,人们心目中的社会学家的形象有一点模糊不清。让我们仔细看一看社会学家在人们心目中的一些形象,这不失为开宗明义的一个好办法。

　　如果你问本科生为何选社会学这个专业,你常常得到这样的回答:"因为我喜欢与人共事。"如果你继续问他们设想的就业前景,你得到的回答常常是,他们准备做社会工作(这个问题稍后会继续探讨)。其他一些回答可能会更加模棱两可,更加沦为泛泛之谈,但一切回答都显示,社会学专业的学生更愿意与人打交道,而不是与物打交道。这方面的职业包括人事工作、产业界的人际关系、公共关系、广告、社区规划以及非神职人员的宗教工作。一般的预设是:在这一切职业生涯中,你可以"为他人做点事情","帮助人","做有益于社区的事情"。社会学家的形象可以这样来描绘:他们是开明的新教牧师的世俗化翻版,或许还有基督教青年会(YMCA)干事一样的人,作为神职人员和世俗人员行善的桥梁。社会学被看做美国经典主题"向上提升"(uplift)的最新版本。人们认为,社会学家是这样一种人,他们以专业的方式关注开启人的心智的活动;在这方面,他既是个人的代表,也是社区的代表。

以上述动机谋求上述职业的人,大多数会遭遇极度的失望情绪,我相信终究会有人创作一部伟大的美国小说来表现这样的失望情绪。这些喜欢和人打交道的人注定带有一丝令人扼腕的悲凉。他们进入人事部门工作时,生平第一次遭遇罢工这一人生现实:在劳资双方剑拔弩张的战场上,他们被迫站在其中一方;他们进入公共关系领域时发现,期待他们做的是玩弄欺骗伎俩,也就是业内专家所谓的"制造同意的工程"(the engineering of consent);他们进入社区服务机构工作时,学到的冷酷的第一课却是房地产投机里的钩心斗角。不过,我们在此关注的并非纯真情感被糟蹋的现状。相反,我们关注的是社会学家的具体形象,这是一种不太准确、容易使人误解的形象。

当然,有些童子军类型的人物成了社会学家,这是事实。人行善的兴趣可以成为从事社会学研究的出发点,这也是事实。然而重要的是指出,恶意的、厌世的观点也可能会发挥作用。社会学家的洞见对关心社会行为的任何人都有价值,但这样的行为未必特别有人情味。如今,在美国,有些社会学家受政府雇用,那是为了规划更加适合国民居住的社区;另一些受政府雇用,那是为了把敌对国家从地图上勾销,一旦形势需要,他们就会为此而贡献力量。这些不同的活动具有不同的动机。然而,无论其道德意义是什么,具有这两种动机的社会学研究都没有理由不趣味盎然。与此相似,作为社会学特殊分支的犯罪学揭示了有价值的信息,使我们对现代社会里的犯罪过程有所了解。犯罪学揭示的信息对有兴趣犯罪的人有价值,对谋求消灭犯罪的人同样有价值。警务部门雇用的犯罪学家比较多,歹徒雇用的犯罪学家比较少,这是事实。但这个事实既可以归因于刑事学家的伦理道德倾向,也可以归因于警务部门的公共关系,或许还可以归因于歹徒科学知识的贫乏。这个事实和信息本身的性质没有关系。总而言之,"和人打交道"既可能意味着把人从贫民窟中解放出来,也可能意味着把人送进监狱;既可能是向他们推销宣传伎俩,也可能是抢劫他们的钱财(无论合法还是非法);既可能使人生产更好的汽车,也可能把人培养成更加优秀的轰炸机飞行员。由此可见,关于社会学家的形象,"和人打交道"这个用语不太令人满意,虽然在描绘促使人选择学社会学的初始冲动时,这个形象还是能够发挥一定的作用。

另一个和社会学家关系密切的形象是社会工作领域的理论家,我们需要就这个形象再说几句。如果考虑到社会学在美国发展的历史,这个形象是可以理解的。美国社会学至少有一个根基和这个形象有关,这个根子就是社会工作者当初面对重重难题时的种种忧虑。他们遭遇了工业革命之后接踵而至的重大问题:城市的急遽膨胀、随之膨胀的贫民窟、大规模移民、大规模的群众运动、传统生活方式的瓦解以及由此而产生的个人的晕头转向和无所适从。许多社会学研究成果是在这种忧虑的推动下产生的。如今,许多本科生主修社会学的计划就是毕业以后做社会工作,这仍然是他们的动力,这是习惯使然的传统。

实际上,美国的社会工作在研究"理论"的过程中,受心理学的影响很大,比较而言,受社会学的影响却比较小。已如前述,社会学和心理学在公众头脑里的地位有高下之别,两门学科对社会工作的影响相差悬殊,这个事实也许和它们在公众心目中的形象有关系。长期以来,在争取社会承认自己"专业人士"地位的过程中,社会工作者进行的是爬坡冲顶的战斗。在争取尾随承认而来的威望、权力和(并非最不重要的)工资的斗争中,他们拼得很苦。他们环顾四周寻找可供仿效的"专业人士"时,发现精神病医师的模式最自然。于是,当代的社会工作者就在自己的事务所里接待"顾客",进行 50 分钟的临床访谈,用一式四份的文件做访谈记录,然后与他们上头的重重"指导"商讨这些记录。社会工作者外表上采纳精神病医师的行头,接着又采纳他们的意识形态,这是顺理成章的结果。于是,当代美国社会工作的"理论"在很大程度上就包含了精神分析心理学经删改的版本,成了一种穷人的弗洛伊德主义,其功能是标榜社会工作者"科学"助人的合法地位。在这里,我们没有兴趣去调查这样的综合性教条是否具有"科学的"正确性。我们要强调指出,这种教条不仅和我们的社会学几乎没有任何关系,而且如果用社会现实来比照,这种教条显然被打上了愚钝的烙印。在许多人的脑子里,社会学和社会工作画上了等号,这是一种"文化滞后"的现象,这一现象可以追溯到("专业化"之前的)社会工作者致力于和贫穷打交道,而不是对付里比多(libido)受挫的时期,并且他们在工作时并不使用录音电话机。

即使美国的社会工作没有赶潮流去追求流行的心理主义(psychologism),社会学家作为社会工作者理论导师的形象也会使人误入歧途。无论社会工作依据的理论是什么,它都是一种社会"实践"。相反,社会学不是实践,社会学尝试的是理解社会。无疑,社会学的理解对实际工作者有用。就此而言,我们提出这样的主张:更深刻地掌握社会学理论对社会工作者大有裨益,社会学知识可以使他们免于陷入虚构的"潜意识"的深层陷阱,使他们不至于以此出发去解释典型的能明显觉察到的事情,其实这些事情是简单得多的、社会性的事情。社会学理解社会的尝试本身并没有什么固有的、必然会导致社会工作实践的属性,也不存在引向其他实际工作的固有属性。社会学知识既可以推荐给社会工作者,也可以推荐给推销员、护士、福音传道者和从政者。实际上,凡是怀有操控人的目的的人,都可以应用社会学知识,无论其意图是什么,无论当事人想做什么样的道德上的自我辩护。

这样一种社会学观念已然隐现在韦伯的经典言论里,他是社会学发展史上最重要的人物之一。他的话大致是:社会学是"价值无涉的"(value-free)。之后我们将会反复回到这一主题,因而在此我们不妨做一点解释。毫无疑问,他所谓的"价值无涉"并不是说社会学家不应该有价值观。无论如何,任何人要生存都不可能没有价值观,当然每个人主张的价值观可能会千差万别。一般地说,社会学家作为公民、个人、宗教团体成员或其他团体成员,都会具有许多价值观念。然而,在他以社会学家身份活动的范围内，他只有一个根本的价值观——做到科学意义上的诚实。当然即使在这一点上，只要他是人，他就免不了要用自己的信念、情感和偏向来盘算和判断。不过，他将这些因素理解为偏见，尽量加以控制，并最大限度地扫除它们对工作的影响。这是他思想训练的一部分。毋庸赘言，根除偏见并不容易，但也并非不可能。社会学家尝试观察问题之所在。对他可能作出的发现，他可能怀有希望，也可能怀有惧怕的心理，但他会排除希望和惧怕并努力了解事情的真相。由此可见，社会学的追求是纯感知的行为，在人性范围内尽可能纯粹的行为。

　　让我们打一个比方，这有助于进一步澄清我们的观点。在任何政治冲突或军事冲突中，捕获敌方情报部门使用的信息都大有好处。之所以有好处，就是因为好的情报所包含的信息是没有偏见的。倘若一个间谍按照上司的意识形态和抱负去汇报工作，他的汇报就必然是毫无用处的，不仅在他被俘时对敌方毫无用处，而且对自己人也毫无用处。有人说，极权主义国家的情报部门的弱点之一是，间谍汇报的情报不是他们发现的情报，而是上司想要听到的东西。显然，这是糟糕的谍报工作。优秀的间谍汇报的是原原本本的真相。至于结果如何，那是别人应该决定去做的事情。社会学家就很像间谍，他的职责是尽可能准确地报告某一个社会领域的真相。应该由别人去决定在这个领域采取什么行动，或者应该由他本人以非社会学家的角色来决定采取什么行动。我们要强调指出，这样说并不意味着，社会学家没有责任考问雇主的目标，也不是说他不必考问雇主用他的知识做什么。然而，这样的考问并不是社会学的考问。他提出的问题和任何人在社会上做任何事情时必须要向自己提出的问题,是完全相同的问题。我们还要指出,以同样的道理,生物学知识既可以用来救死扶伤,也可以用来草菅人命。但这并不意味着,生物学家不用为他提供的服务负责。但是,当他自问这样的责任时,他提出的问题就不是生物学的问题了。

和社会学家上述两个形象相关的另一个形象是社会改良者。和上述两种情况一样,这个现象也有历史根基,在美国和欧洲都是如此。19世纪初,法国哲学家奥古斯特·孔德(Auguste Comte)将这门新学科定名为社会学。他认为,社会学是论述进步的学说,是神学的世俗继承者,是统驭各门学科的学问。据此他认为,社会学家扮演着各门学问仲裁者的角色,为世人谋福利。即使在被剥掉更为神奇而自夸的外衣之后,这一观念也有九条命。不过,这个观念在美国也有反响。在美国社会学诞生初期,大西洋彼岸孔德的弟子致函布朗大学校长,建议对该校的所有系科进行重组,并将它们置于社会学系之下。在当今世界,很少再有社会学家持这样的观点;在美国,持这种观点的社会学家恐怕一个也没有了。然而,仍然有人期待社会学家提供解决社会问题的改革蓝图。在这一点上,法国人把社会学视为霸主的观念还有迹可循。

奥古斯特·孔德(1798—1857),法国实证主义哲学家,社会学奠基人之一,著有《实证哲学教程》《实证政治体系》等。

令人高兴的是,从一些人价值观的立场(包括笔者的立场)出发,社会学的洞见在某些情况下还是为改善人的境遇作出了贡献。社会学家揭露了道德上令人震惊的社会弊端,清除了一些集体的幻觉,证明可以用更加人道的方式取得让社会满意的效果。比如,社会学知识被用于监狱管理时,西方国家管理监狱的陋习就随之改变。我们还可以以美国联邦最高法院1954年的裁决为例,这次对公立学校种族隔离的裁决就用上了社会学的研究成果。再看看以人为本的市政重建规划,其中就运用了社会学的成果。毫无疑问,道德上和政治上敏锐的社会学家一定会对上述例子感到满意。但我们要再次指出,这类问题不是社会学理解的知识问题,而是社会学知识的应用问题,记住这样的区分不无好处。这是因为我们不难发现,同样的社会学知识可以被用来实现完全相反的意图。由于这个原因,社会学对种族歧视动因的了解既可能被煽动种族内部仇恨的人有效利用,也可能被希望宣传宽容的人利用,两种意图都会收到一定的效果。同理,有关人类团结的社会学知识既可能被极权主义政权利用,也可能被民主政权利用。我们应该清醒地认识到,产生一致意见的同样的程序可以被用于不同的目的,既可以被社会工作者用于夏令营里的工作,也可以被人用来洗脑。你可以爽快地承认,当形势需要改变某些不良的社会情况时,社会学家可能会应邀提出建议。然而,社会学家作为社会改良家的形象是有害的,和社会工作者的形象一样有害。

如果说上述社会学家的诸多形象中都包含一个"文化滞后"的因素,那么我们现在可以转向一些新近出现的形象,所谓反映社会学发展的最新动态的形象。其中之一是,社会学家是行为统计数字的采集人。在这里,社会学家被人当作 IBM 机器的附庸。他带着问卷出门,随机抽样找人访谈,然后打道回府,把表格上的信息录进穿孔卡,最后把穿孔卡放进计算机。在这个过程中,他当然始终都有许多助手,并且拥有雄厚的资金。这个形象具有隐蔽的含义:这一番折腾的结果全都是雕虫小技,只不过把人人皆知的尝试用学究的方式重述了一番而已。一位观察家一针见血地说,社会学家花了 10 万美元去探路,可他找到的只不过是一幢名声不好的宅院。

社会学家的这个形象在公众头脑中被强化了,强化剂是许多准社会学机构的活动,而这些机构大部分关注公共舆论和市场走势。搞民意测验的人是美国社会中的名人,他们在不恰当的时机去调查人们的意见,调查的领域从外交政策到卫生纸无所不包。因为问卷调查者的测试方法和社会学家的研究方法类似,所以社会学家这个形象的形成是可以理解的。金赛(Alfred Charles Kinsey)博士就美国人性行为所进行的研究可能大大强化了这个形象的冲击力。比较而言,社会学家调查的课题可能是婚前性行为,或共和党的选票,或帮派的凶杀事件;但无论是什么课题,社会学的基本问题总是"多频繁"或"多少"。顺便需要指出的是,目前流行的有关社会学家的俏皮话非常少,而这些非常少的俏皮话却总是和搞统计数字的形象联系在一起(这样的俏皮话最好还是留给读者去想象)。

虽然不无遗憾,但我们不得不承认,社会学家及其行业的这个形象并非完全是幻想的产物。第一次世界大战之后不久,美国社会学家坚定地从理论研究转向经验研究,而他们的研究是极其专注而狭隘的。与此相关的是,美国社会学家不断改善研究技巧。其中最突出的是统计学技巧,这其实非常自然。自20世纪40年代中期起,人们对社会学理论的兴趣开始复活;有迹象表明,这次脱离狭隘经验论的转向正在日益加速。然而,美国很大一部分社会学研究关注的仍然是对社会生活细枝末节的小小剖析,和广阔范围内的理论关怀丝毫不搭界,这也是事实。只需匆匆一瞥,扫描一下主要社会学刊物的目录,看看社会学研讨会上宣读的论文目录,你就可以证实此言不虚。

美国学术生活的政治经济结构为这个注重统计和经验的模式推波助澜,不仅表现在社会学领域。大学的行政主管一般很忙,几乎没有时间或意向去深入研究本校教员深奥的学术成果。然而,他们却必须就教师的聘用、解雇、升迁和教职任期作出决定。作出这些决定应该依据什么标准呢?我们不能指望他们抽时间去审阅教授们的论著,因为他们没有时间从事这一类活动;在技术性很强的专业领域,他们又缺乏必要的资格去评判这些学术资料。至于关系较近的同事的意见,那预先就使人生疑;在一般的学术机构里,学术派别之争就是丛林之争,哪一个派别都不能依靠,因为无论对自己派别的评价还是对其他派别的评价,客观的评判都是难以做到的。征求学生的意见就更加靠不住了。由此可见,行政主管拥有的几个选项都同样是不能令人满意的。他们可以继续遵循全校一家、皆大欢喜的原则:让人人稳步上升,无论其业绩如何。这是过去经常实行的惯例,但这样的惯例越来越难以实行,因为在这个竞争的时代,需要争取得到公众和基金会的宠爱。另一个选择是依靠一个圈子,在或多或少合理的基础上挑选出来的圈子。显然,对行政主管来说,这又会产生诸多政治上的困难,他们毕竟是一个长时间捍卫自己独立的团队。第三个选择是今天最常见的选择,那就是依靠产出的成果,这是借用商界使用的标准。由于对一位学者的研究领域不熟悉,你很难评判他的成果;既然如此,你就要想办法弄清楚,他在无偏见的同事里被接受的程度。于是你就设定,可以想办法推导出他被接受的程度,其依据就是出版社和学术刊物愿意接受和出版多少他的论著。这就迫使学者们集中精力去做容易和速成的研究,把自己的心得转化为可能在学术刊物上发表的体面的小文章。对社会学家而言,其结果就是在范围狭隘的课题里做一些小型的经验研究。在大多数情况下,这样的研究需要用统计学的技巧。对不包含统计数字的文章,大多数学术刊物都抱质疑的态度,于是,这种小型经验研究的趋势就被进一步强化了。由此,被困在偏远地区的年轻社会学教师就十分向往水草丰美之地的、条件更好的大学,因此他们源源不断地用一些小块文章向我们投稿,这些文章里总是有一点点统计研究,写的总是以下题材:学生约会的习惯、附近原住民的政治观点、校园附近小村落里的阶级体系。在此我们不妨补充说:这样的研究体制在新手看来并不十分可怕,因为它要求的固定仪式是众所周知的。结果,聪明的读者浏览的主要是社会学刊物里的书评和讣告;只有当他需要求职的时候,或打其他小算盘的时候,他才会参加社会学的研讨会。

如是观之,今天美国社会学界的统计技巧之所以突出,那是因为其中有仪式功能;根据社会学界的权力体制,这是可以理解的;而大多数社会学家不得不在这个体制内讨生活。实际上,大多数社会学家对统计学只知皮毛,他们对统计数字的态度往往是

圣托马斯·阿奎那（Thomas Aquinas, 1225—1274）活跃于13世纪，是意大利神学家和经院哲学家，著有《神学大全》等。

既敬畏，又无知，亦胆小，就像穷乡僻壤的小牧师听见托马斯神学（Thomist theology）的拉丁文布道一样，那抑扬顿挫的韵律使他们震惊。然而，意识到这些情况之后，我们不应该用这些失常的现象来评判社会学，就不言自明了。于是用社会学的话来说，你对社会学的态度变得老练了，你能够透过表面现象看到底层隐藏的东西。

统计数字本身不是社会学。只有用社会学的理论框架对统计数字作出解释后，它们才能够成为社会学的有用之材。简单的计算、确认不同统计数字的相关性也不是社会学。金赛博士的性行为报告里，几乎就无社会学可言。这不是说其中的数据不真实，也不是说它们和社会学的理解毫不相关。以其本来面目看待，这些以数据形式出现的原材料，是可以用来做社会学阐释的。然而，社会学家的阐释必须要超越数据的范围。由此可见，社会学家不能够作茧自缚，不能被金赛博士那些婚前亲昵行为或婚外男色关系的频率表格捆住手脚。只有弄清楚它们在狭小范围之外的隐含意义，而且弄清楚它们对我们理解社会制度和价值观有何意义的时候，这些统计数字才有意义。为了求得这样的理解，社会学家常常不得不应用统计学技巧，在研究现代生活的纷纭现象时，这尤为必要。然而，社会学家使用统计学的情况少之又少，就像语文学家很少研究动词的不规则变化一样,也像化学家很少用试管制备臭气一样。

如今,社会学家的另一个形象和统计学家的形象关系密切:人们常常把社会学家当作孜孜以求科学方法论以便对人类现象进行解释的人。人文学科领域的人常常持这样的观点,而且以此为据,把社会学说成是心智愚昧(intellectual barbarism)的一种形式。文人常常辛辣地讥讽社会学文字里古怪的行话,这是其批评之一。当然与此相比,批评者往往把自己打扮成古典人文学术传统的守护者。

顺着对方批评的路子对付这样的批评,是完全可能的。在研究"人"的现象的诸多学科中,心智愚昧似乎是相当平均地分布的现象。然而顺着人家批评的路子去辩护似乎有失尊严,所以我们爽快地承认,如今在社会学名目之下鱼目混珠的东西,的确有很多是心智愚昧的劳什子。如果"心智愚昧"针对的是以下现象,那些批评就是正确的:对历史和哲学的无知、囿于狭隘技能且缺乏广博视野、痴迷技术能力、对语言运用麻木不仁等。需要再次指出,如果以当代学术生活的某些特点来看,这些现象是可以从社会学的角度予以说明的。各个领域里争夺威望和饭碗的竞争日益激烈且复杂,这使专门化加剧,常常导致褊狭的兴趣,令人压抑。然而我们不得不再次指出,把社会学和这种很普遍的思想倾向画等号,那是很不准确的。

从一开始,社会学就认为自己是一门科学。这个自我标榜的定义究竟是何意义,一直存在很大的争议。比如,有些社会学家强调社会科学和自然科学的区别,在这方面,德国社会学家较之法国和美国同行有过之而无不及。但是,如果社会学家忠诚于科学精神,那就意味着,他心甘情愿地受某些科学原理的束缚,世界各地莫不如此。如果社会学家忠于他的天职,别人通过遵守特定的论证规则就一定能够检验、重复或发展他的研究成果。虽然小说的语言更加令人难忘,更加富有说服力,但是给人提供阅读社会学著作动力的,正是这种科学的论证规划。社会学家尝试发展科学论证的规则时,他们不得不思考方法论的问题。方法论是社会学必要和有效的组成部分,其道理就在这里。

与此同时,一些社会学家太迷恋方法论问题,失去了对社会的兴趣,这种情况是很明显的,在美国尤其突出。结果,他们并没有发现社会生活中任何意义重大的东西,因为科学工作和恋爱一样,专注技巧反而会造成失败。我们可以这样来解释方法论的僵化:社会学相对年轻,急于得到学术界的承认。在美国公众尤其在美国学者的心目中,科学几乎是一个神圣的实体,所以学界新手在推销深奥学问的时候,自然要仿效自然科学的研究方法,他们的这种渴望是非常强烈的。比如,实验心理学家就受制于这样的渴望,结果,他们的研究成果和人是什么、人做什么就不太搭界。具有讽刺意味的是,自然科学家一直在尝试放弃这种非常实证主义的教条,可他们的模仿者却在努力采用这样的教条。不过,这并非我们此地关心的问题。我们只想说,社会学家避免了过分稀奇古怪的"唯方法论"(methodism);在这一点上,他们似乎比一些相邻学科的人还要成功。等到他们的学术地位更加牢固之后,这种方法论上的自卑心理会进一步减弱,这是可以预期的变化。

有人指责社会学家用不规范的方言写作,我们必须承认这是事实,但同时又应该有所保留。任何一门科学都必须创立一套术语。对一门学科而言,这个道理不言自明。比如,原子物理学的研究对象是大多数人不懂的物质,通用语里并没有表达原子物理学的词语。不过,对社会科学而言,专业术语可能更加重要,原因恰好是:它们的研究题材为人熟知,而且表达题材的词语已经存在。因为我们熟悉周围的制度,我们的感觉就不准确,且常常会出错。与此相似,我们大多数人难以准确描绘我们的父母、配偶、子女或朋友。而且,我们用于谈论社会的语言常常(或许这也更好)是模糊的和混乱的。以社会学里一个非常重要的概念"阶级"为例,在日常话语里,这个词的意义数以十计:收入等级、种族、族群、权力集团、智能等级等。显而易见,倘若社会学家的研究工作要达到任何程度的科学意义上的严谨,他就必须要给"阶级"这个词下一个精确的、没有歧义的定义。据此,有些社会学家禁不住要发明全新的词语,以避免俗语里的语义陷阱。我们的主张是,其中的一些新词语是不可或缺的。然而我们又主张,只要稍加努力,我们就可以用明白晓畅的英语表达社会学里的大多数概念和意义;我们认为,当代许多"社会学行话"被人故意抹上了一丝神秘的色彩。不过,我们这里面对的问题在其他的学科领域里也产生了同样的影响。在美国大学形成的初期,学界的行话和德国学术生活的强大影响可能有一定的关系。科学的深度要用科学语言的厚重来衡量。有些科学的文字只有该领域的首创者才能够看得懂,圈子之外谁也不明白,即使这样,这些文字在思想上也有值得人尊敬的一面。如今,许多美国人的学术著作读起来仍然像是从德语翻译过来的译作,这实在是令人惋惜。然而,这样的局面和社会学本身的合法性没有关系。

　　最后,我们想要审视的社会学家的形象与其说是他的专业角色,不如说是他的人格,或者说他是什么样的人。他是个超然的、冷嘲热讽的观察者,以冷漠的态度与人打交道。具有讽刺意味的是，凡是这个形象流行的地方，社会学家都努力被人视为真资格的科学家，他们成功了，但如影随形的却是这样一个超然的形象。在这里，他成了自封的高人，超越于普通人热气腾腾的生活，其自我陶醉并非来源于生活，而是存在于冷静地评价他人的生活，把他人分类归档，从而失去了他的观察应该具有的真正的意义。另一种看法是，即使社会学家参与社会进程，他也是以超然的技术人员的身份参与，甘愿让他的操作技能受权力操纵。

最后这个形象也许并不是很普遍。这样看待社会学家的人，主要是出于政治原因，他们担心现代社会里对社会学的实际的或可能的滥用。反驳这个形象我们只需三言两语。如果把这个形象当作当代社会学家的一般画像，那肯定是严重的扭曲。在今天的美国，符合这个形象的人实在是很少。然而，社会科学家的政治角色问题的确是一个实实在在的问题。比如，社会学家应聘为产业部门或政府部门效力时，就有一个道德的问题，我们应该更多地面对这样的问题。不过，一切位居现代社会负责岗位的人都会面对道德问题。社会学家是没有同情心的观察者和没有良心的操纵者的形象，不必使我们因此被捆住手脚。总体上看，历史上出现的塔列朗（Talleyrand）似的人物少之又少。至于当代的社会

塔列朗（1754—1838），法国政治家、外交家，在法国和欧美政坛纵横捭阖，极具外交才能和谈判口才。

学家,即使他们在狂热的时刻偶尔渴望这样的角色,其中的大多数还是缺乏这样的情绪去扮演这样的角色。

那么,我们如何构建社会学家的形象呢?上文探讨了社会学家在一般人心目中的各种形象,我们已经勾勒出一些社会学家形象概念的要素。现在,我们要把它们拼合到一起。在这个过程中,我们构建的将是社会学家所谓的"理想类型"(ideal type)。这就是说,现实社会里找不到我们描绘的这种纯粹的形象。在现实社会里,你看到的是接近于这个形象的社会学家,或多多少少偏离这个形象的社会学家。你也不能够把这个"理想类型"当作可以在经验中求证的平均状态。我们甚至不会主张,一切自称为社会学家的人都毫无保留地接受我们构想的形象;至于有人不接受我们构想的名号,我们也不会对他们的权利提出异议。我们的任务不是把人扫地出门。然而我们断言,我们的"理想类型"符合主流社会学界自己的构想,无论从历史(至少在本世纪)还是今天的情况来看都是符合的。

于是我们说,社会学家关注的是以严谨的治学方式去理解社会。社会学的性质是科学的。这就是说,社会学家研究社会现象时的发现和论述限定在严格界定的参考框架里。他的研究程序受规律的约束,这就是社会学参考框架的主要特点之一。社会学家以科学家的身份工作,他尽力做到客观,控制个人的喜好和偏见,尽量获得清楚的感知,而不是去做规定性的评判。当然,这样的限制并不能够涵盖社会学家人生的全部内容,而是只局限于他以社会学家身份从事的活动。社会学家也不会断言,他的参考框架是观察社会的唯一框架。就此而言,任何领域的科学家今天都不会声称,我们只能够用科学的观点去看世界。观察水仙的植物学家没有权利质疑诗人以截然不同的方式去观察水仙。游戏的方式多种多样。重要的不是否定别人的游戏,而是清楚知道自己的游戏规则。社会学家的游戏要用上科学规则,因此社会学家心里应该明白这些规则的意义。这就是说,他必须要关心方法论问题。但方法论不是他的目的,让我们重申,他的目的是理解社会,方法论仅仅是辅助他达到目的的手段。为了理解社会,或为了理解他研究的那一部分社会,他要用各种各样的辅助手段,其中就有统计学的技巧。在回答某些社会学问题时,统计学很有用,但统计学本身并不是社会学。作为科学家的社会学家必须要注意的是,他使用的术语具有精确的含义。换句话说,他使用术语时必须要小心谨慎。这并不意味着,他必须要发明一种新的语言为己所用,而是意味着,他不能够懵懵懂懂地把日常话语用于社会学。最后一点是,社会学家的兴趣首先是对理论的兴趣。这就是说,他的兴趣是为理解而理解。他可能会意识到他的发现有何实践意义,甚至会关心其应用前景;不过到了这一步,他已经离开社会学的参考框架,他进入了价值、信念和思想的领域,这些领域已经是他和非社会学者共享的领域了。

我敢说,我们构想的社会学家的形象能够在今天的社会学界得到广泛的共识。不过我们还想再走一步,提一个比较私人(无疑更富有争议)的问题,不仅要问他在做什么,而且要问什么是他的推动力。换用马克斯·韦伯在类似情况下会说的话就是,我们想要探索一下社会学家的守护神(demon)是什么样的守护神。在探索的过程中,我们唤起的形象就不是上文那种理想类型的形象,而是更加坦诚的形象,他个人承担的责任就更加清楚。我们要重申,我们感兴趣的不是把谁逐出教门。社会学的游戏场所非常宽敞,我们只是想比较逼真地描绘我们想要吸引上场来和我们一道游戏的人。

于是我们说,社会学家(我们真心想要邀请与我们同游的人)是对人的所作所为感兴趣的人,他不耻下问,他的兴趣非常强烈、永无止境。他的自然栖息地是世人的一切聚集地,无论这些聚集地是在何方。社会学家感兴趣的东西可能还有很多,但他的压倒一切的兴趣始终是在人的世界——世人的制度、历史和热情。既然他对人感兴趣,人的一切所作所为就不可能是完全枯燥乏味的东西。凡是激发人终极信仰的事件,举凡使人悲伤、辉煌、极乐的时刻,他都自然而然地感兴趣。不过,普普通通的、日常的事情也会令他神往。他会心怀敬畏,但这样的敬畏并不会妨碍他去探索和理解。有的时候,他会感到厌烦或不屑,但这也不会妨碍他要别人回答他的问题。在追求理解的过程中,社会学家在人间游走,他不会囿于平常那些僵化的疆界。高贵与低下、权力与卑微、聪明和愚蠢——尽管这一切在他的个人价值或品位中有高下之别,然而对他而言,它们都具有同等的吸引力。于是,他的问题带领他走向社会的各阶层,使他走向最著名的和最不为人知的地方,使他接触到最令人尊敬和最令人鄙视的东西。倘若他是优秀的社会学家,他就会进入所有这一切地方,因为他的问题使他如此执着,除了求得问题的答案,他实在是别无选择。

以低调的方式来陈述这些东西也是可能的。我们可以说,尽管社会学家顶着高雅的学术头衔,他还是不得不放下身段去倾听人们的闲聊,他禁不住要透过门缝去窥视,去阅读别人的信函,去开启档案柜。有闲情逸致的心理学家可能会以升华之后的窥阴癖为基础来为社会学家构建能力倾向测验(让我们急忙补充说,这仅仅是一个比方)。或许,有些充满好奇心的小童会偷窥沐浴中的小阿姨,但他们后来还是可能成为孜孜不倦的社会学家。这样的偷窥是很乏味的事情,吸引我们的是那种好奇心,使社会学家难以解脱的好奇心,在紧闭的门前偷听室内交谈声的好奇心。如果他是一个优秀的社会学家,他就想要去开门,去理解这些声音。在每一道紧闭的门背后,他希望揭示尚未被感知和理解的人生的新的方面。

社会学家忙于研究的东西,别人也许会认为太神圣或太乏味,不值得去做冷静的研究。他和牧师、妓女打交道都有收获,他依靠的不是个人的偏爱,而是他当时调查的问题。别人觉得很无聊的东西,他却可能很关心。战争期间人们的互动、伟大的知识发现,固然是他感兴趣的东西,然而餐馆里雇员之间的关系、玩洋娃娃的小女孩之间的关系,他同样有兴趣。他注意的焦点不是人们所作所为的终极意义,而是行为本身,他把某人的某一行为看做人类无比丰富的行为的又一例证。这就是应邀和我们一道游戏的社会学家的形象。

在这些人间旅途中,社会学家必然会遭遇其他专业人士中的偷窥者。有的时候,这些人对他的在场表示反感,觉得他在干偷猎的勾当。有时他遭遇经济学家,有时他遭遇政治学家,有时他又会遭遇心理学家或民族学家。但情况可能是这样的:他随身带的问题和其他侵犯他人领地的同路人的问题不一样。社会学家的问题万变不离其宗:"人们如何互动?""他们的关系如何?""这些关系在机构里是如何被组织的?""推动人和机构前进的集体观念是什么?"社会学家在寻求具体的答案时,当然不得不对付经济问题或政治问题,但他处理这些问题的方式和经济学家及政治学家截然不同。他思考的情景和其他科学家的情景固然相同,但他考虑问题的视角和其他科学家迥然有别。弄清楚这样的异同之后,道理就显而易见:社会学家标定自己的封闭空间,只允许自己在里面工作,就毫无意义了。如同卫斯理(John Wesley)一样,社会学家的工作场所是整个世界。和后来的一些卫斯理们不同,他乐意与人分享这块领地。不过,在他的旅程中,有一位同路人的小径他倒是经常去走,他们的路径经常交叉,这位同路人是历史学家。事实上,社会学家一旦从现在转向过去,他关注的焦点就很难和历史学家区别开来。不过,我们将在稍后

约翰·卫斯理(1703—1791),英国宗教领袖,创建卫斯理宗(循道宗)。

去讲这一关系。这里只需讲一点:如果社会学家不常驻足停留片刻并且和另外这位同路人谈谈,他的旅途所获就是很贫乏的。

一旦精神活动成为发现之旅,它就会呈现令人激动的景观。在一些学术领域,这将是发现新世界的旅行,而且这样的发现是过去未曾想到、难以想象的。这令人激动的发现是天文学家和原子物理学家的发现;他们发现的世界是与人能够想象的现实世界刚好相反的边疆。但它也可能是细菌学家或地质学家发现的令

21　人激动的世界。另一种令人激动的发现是语言学家发现了人类表情达意的新领域，或者是人类学家探索远方国家人类的习俗。如果以激情投入这样的发现之旅，我们的认识面就会拓宽，有时甚至会经历意识的变化，而且这样的变化是可以验证的。我们的发现证明，宇宙的神奇程度大大地超过了我们的梦想。不过，社会学令人激动的经验是另一种类型。不错，社会学家进入的领域有时是他非常陌生的领域，比如罪案累累的领域、稀奇古怪的宗教领域，或者由某些群体的特别关切打造的领域，比如医疗专家、军事首领或广告商的世界。然而大多数时候，社会学家活动的领域是他熟悉的领域，而且是社会上多数人熟悉的领域。他研究的社区、机构与活动是人们每天能够在报纸上看到的东西。不过，召唤他的还有另一种令人激动的发现。这不是发现全然陌生的东西，而是发现他熟悉的东西发生了意义上的变化。社会学令人神往的一面是：其视角使我们用新的目光去审视我们生活于其中的非常熟悉的世界。这样的变化也是意识的变化。而且这种变化和实际生活的关系是十分密切的，可能比其他学科与实际生活的关系更加密切，这是因为社会学里的意识变化难以被隔离在一个特定的范围里。天文学家并不生活在遥远的星系里；一旦离开实验室，原子物理学家在吃喝、欢笑、结婚和选举时不用再去想原子的内部结构；地质学家只会在适当的时机观察岩石；语言学家在家里和妻子交谈的时候还是说他的英语。相反，社会学家生活在社会里，他和社会的关系若即若离，他的工作与休息是难以分离的。他自己的生活必然是他研究题材的一部分。既然是人，社会学家也和其他人一样会想办法把自己的专业洞见和日常事务隔离开来。然而老实说，社会学家难以完成这样的隔离。

社会学家在普通人的世界里游走,和被大多数人称为真实的世界贴近。他采用的范畴仅仅是从别人的生活所依傍的范畴中提炼而来的,比如权力、阶级、地位、种族和族群性等范畴。结果,一些社会学研究成果被罩上了一层假象——它们似乎简单且显而易见。你读他们的著作时,对熟悉的场景颔首点头,也许你会说:这一切早就听说过了,为何浪费时间去研究人人皆知的常识?难道就没有更好的事情去做吗?但你可能会突然获得全新的洞见,它考问你曾经认为熟悉的场面。此刻,你就感觉到社会学激动人心的价值了。

让我们举例说明。设想南方有这样一所大学,几乎所有的学生都是南方籍的白人。假设老师正在社会学的课堂上讲南方种族制度。他讲的问题是学生从婴儿期就熟悉的问题。实际上,学生对这个制度的细节比老师还熟悉。学生十分厌烦。他们觉得,老师只不过是在用一些夸大的字眼描绘他们知道的事情。于是,他可能会用上"种姓"(caste)这个词,如今的美国社会学家常用这个词来描绘南方的种族制度。不过,在解释这个术语时,他话锋一转,说起传统的印度社会,以便把话说得更加清楚。接着,他分析种姓禁忌里固有的神秘信仰、社会共生以及婚姻的动态关系等,分析种姓制度掩盖的经济利益,分析禁忌和宗教信仰的关系,分析种姓制度对产业发展的影响,又反过来分析产业发展对种姓制度的影响。这一切都讲的是印度。突然之间,印度不再遥远了。于是老师就顺势回到美国南方的主题,自然,熟悉的东西不再那么熟悉了。新的问题提出了,或许学生提问时还有一点怒气冲冲,但他们总归是有问题可问了。至少有些学生开始理解,种族问题里有一些功能是他们从来没有在报纸上读到过的(至少在他们家乡的报纸上没有看到过),而且他们的父母也没有给他们讲过,部分原因至少是:报纸和父母都不知道这样的事情。

我们可以说,社会学的首要智慧是:事物并非表面看上去的样子。这句话表面上看很简单,简单得容易使人上当。考察片刻之后你就会发现,这句话并不简单。社会现实有许多层意义。每发现一层新意义都会改变人对整个社会现实的感觉。

人类学家用"文化震撼"(culture shock)来描绘一种全新文化对初来乍到者的冲击。举一个极端的例子。一位西方探险家在餐桌上吃到一半时,突然被告知,前一天吃饭时坐在他旁边的逗人喜欢的老太太就是他现在的盘中餐。他受到的震撼是可以想见的,即使并非道德上的震撼,至少是生理上预料之中的震撼。今天,大多数探险家再也不会遇到吃人的经历了。然而,初次接触一夫多妻制、成人礼时,甚至接触有些国家汽车行驶的方式时,美国人也会感到吃惊。随之而起的感觉不仅有不满或厌恶,而且有兴奋:原来事情真的和国内不一样。至少在一定程度上,这是初次出国时感到的兴奋。社会学发现之旅的经验也可以被描绘为"文化震撼",只不过没有地理位置移动的感觉罢了。换句话说,社会学家之旅是国内之旅——但他也有震撼的感觉。他不太可能发现,他的盘中餐是一位讨人喜欢的老太太。但他也可能会感到震惊,也许他发现,他所在教会捐献的相当一部分钱被用于生产导弹了,距离他家几个路口的邻居在搞邪教的纵欲仪式,这种情感上的冲击并非和在国外遭遇的文化震撼截然不同。但我们不想暗示,社会学的发现总是或通常是对道德情怀的严重冲击。根本不可能是这样的情况。但国内研究的发现和远方探险的发现却有共同之处:对人类社会新的生存状况的突然洞悉,对过去不以为奇的事物的突然感悟。这就是社会学令人激动的地方,稍后我们将证明,这就是社会学具有人性关怀的道理所在。

有人想要避免令人震惊的发现;有人宁可相信,社会就像主日学校(Sunday School)教授的样子;有人喜欢阿尔弗雷德·舒茨(Alfred Schuetz)所谓的"理所当然的世界"里的规矩和原则,觉得那样很安全——所有这些人都应该远离社会

主日学校,基督教教会为了向儿童灌输宗教思想在星期天开办的儿童班。

阿尔弗雷德·舒茨(1899—1959),奥地利裔美国人,现象学家,知识社会学创建人之一,德国纳粹占领奥地利后移居美国,大半生从事社会学研究,试图为科学的社会学奠定哲学基础。

学。同理,凡是不觉得紧闭的房门有诱惑力的人,凡是对人没有好奇心的人,凡是满足于欣赏山水美景却对河那边的人没有好奇心的人,恐怕也应该远离社会学。他们会觉得,社会学令人不舒服,至少不值得去费神。有些人之所以对研究别人感兴趣,仅仅是因为相信自己能够改变人,使人皈依宗教,或能够改造别人。我们需要告诫这些人,他们会发现,社会学并不像他们期待的那样有用。有些人的兴趣主要是进行概

念构建,对他们而言,转向研究小白鼠也会出成绩。另一些人认为,唯有观察人的行为、理解与人有关的事物时才有趣味。从长远的观点来看,后者才适合研究社会学。

我们有意识地低调处理本章题名里的一个关键词"消遣",现在看来意图可能很清楚了。不错,社会学是个人的消遣,这就是说,它使一些人感兴趣,使另一些人觉得无聊。有些人喜欢观察人,有些人喜欢用小白鼠做实验。世界之大足以容纳各种兴趣,没有任何逻辑顺序厚此薄彼。但"消遣"这个词比较弱,不足以描绘我们需要表达的意思。社会学更像是一种激情。社会学视角颇像使人着魔的精灵,无情地驱使我们不断地考问它自身的问题。由此可见,一本社会学入门书是对一种特殊的激情的邀请书。任何激情都是存在风险的。社会学家在兜售自己的看家本领时,一开始就要向顾客交代清楚:货物出门,责任自负。

第二章　作为意识形式的社会学

经典名句

◆ 社会学的根本问题不是犯罪而是法律，不是离婚而是婚姻，不是种族歧视而是以种族界定的社会分层，不是革命而是治理。

◆ 社会学揭露真相的母题就是穿透言词的烟幕，深入到行为背后去发现人们不会承认的，而且常常使人不愉快的行为动机。

◆ 社会学的认识本身就敌视革命的意识形态，这并不是因为社会学有一种保守的偏向，而是因为它不仅看穿了对现状的幻灭感，而且看穿了对未来的虚幻的期待；须知，虚幻的期待就是革命者习惯性的精神营养。

◆ 社会学的视野是放眼于人类生活的广博、开放的视野，是摆脱了束缚的视野。最优秀的社会学家能够欣赏奇乡异土，他的内心向无限丰富的人类潜力开放，他热情追求新的视野，追求人类意义的新世界。

维尔夫雷多·帕累托(1848—1923),意大利经济学家、社会学家,著有《政治经济学讲义》《普通社会学》等。

倘若上一章的讲述是成功的,我们就可以把社会学当作有些人的思想兴趣来接受了。但如果就此止步,那未免太不符合社会学的追求。社会学是在西方历史特定阶段产生的学科,这个事实迫使我们进一步追问:为什么有些人能够以社会学为职业?从事这一职业的先决条件是什么?换句话说,社会学既不是人永恒的精神追求,也不是必需的追求。倘若此说不错,一个合乎逻辑的问题随之而来:是什么合乎时宜的因素使社会学成为一些人的追求呢?也许我们可以说,没有任何精神追求是永恒的或必需的。但宗教却是另一种情况,它几乎成为普遍的现象,它激发强烈的精神追求,而且贯穿整个人类历史;另一方面,解决生存所面对的经济问题的思想却是大多数人类文化中的必需。毫无疑问,这并不意味着当代意义上的神学和经济学是人类普遍的精神现象,但如果我们说,始终有人致力于这两方面的课题,那还是比较保险的表述。然而,对社会学而言,连这样保守的说法也未必妥当。比较稳妥的说法是,社会学是现代西方特有的思想成果。而且,正如我们即将要在本章中论述的那样,社会学包含了一种独特的现代意识形式。

如果思考"社会"(society)一词的含义,社会学视角的独特性就显现出来了。"社会"一词指明了社会学的实质。和社会学家使用的大多数术语一样,这个术语也是由通用的语义派生出来的,然而在通用的情况下,"society"的语义是不精确的。有时,其意义是一群特定的人(比如"防止虐待动物协会"),有时它却特指享有威望和荣耀的人(比如"波士顿社交界的女士们"),在另一些场合它仅仅是指任何类型的陪伴(比如"在那些年头里,他深受无人陪伴之苦")。此外,"society"还有一些不那么普遍的意义。社会学家使用"society"一词的意义是比较精确的,当然社会学家内部的用法也有一些差异。总体上说,社会学家认为,"society"指的是大量而复杂的人际关系,如果用专业性更强的语言,我们就可以说,"society"指的是一套互动的体系。"大量"一词在这里难以量化。社会学家说的"社会"可能包含数以百万计的人(比如"美国社会"),但他所谓的"社会"也可能指一个小得多的团体(比如"本校二年级的全体同学")。在街头谈话的两个人难以构成"社会",但困在孤岛上的三个人却可以构成一个社会。由此可见,"社会"一词的适用性不能够只用量化的标准来决定。相反,一套复杂关系清楚到足以被用来分析时,足以被当作一个独立的实体来理解时,与同类的其他关系相对照而言,"社会"一词就可以用来支撑这一套关系了。

形容词"social"("社会的")同样也必须经过打磨以后才能够用于社会学。在普通语言习惯里,它同样可以指若干不同的东西,比如指某一聚会的非正式性质("这是社交性质的聚会——我们不谈公务"),比如指某人的利他主义态度("他在工作中有强烈的社会关怀"),又比如指更加宽泛的在与人接触的过程中产生的结果("一种社会病")。社会学家使用这个词的范围比较狭窄,更加精确,它指的是互动的、相互关系的和你来我往的性质。

于是我们说,在街头交谈的两个人不能够构成"社会",但他们两人产生的关系的确是"社会性的"关系。"社会"就是由一套复杂的"社会性的"事件构成的。至于"social"一词准确的定义,我们很难在马克斯·韦伯的定义的基础上改进;他所谓的"社会的"情景是:人们的行为以彼此的关系来定向。由这种相互定向产生的由意义、企盼和行为举止构成的网络就是社会分析的对象。

然而,术语的精细化并不足以显示社会学视角的独特性。如果我们把社会学视角和关注人类行为的其他学科的视角进行比较,我们就可能更容易发现社会学视角的独特性。比如,经济学家分析的社会过程是可以描绘为社会性质的过程。这些过程必须是和经济活动的基本问题相关的,也就是社会稀缺资源和服务如何配置的问题。经济学家关心的是这些过程如何成功行使或未能行使这一职能的问题。在察看同样的过程时,社会学家自然要考虑其经济目的。但他特有的兴趣未必和经济目的有关系。在此,他关心的是人的多种关系和互动,这些关系和互动也可能在这里产生,但它们可能和经济目的毫无关系。于是我们说,经济活动涉及权力、威望、偏见甚至游戏的关系,只有与活动本身的经济功能的边际效用联系起来看,我们才能够对这些关系进行分析。

社会学家发现,他研究的题材存在于人的一切活动中,但并非这些活动的一切侧面都能够构成他的题材。社会互动并非人们的互动某一个特别的部类,而是所有互动的一个有机组成部分。换句话说,社会学家进行一种特殊的抽象。作为社会学研究对象的社会活动并非人类社会某一个隔绝的领域。相反(借用路德教派的圣事神学用语来说),在许多领域的社会活动里,社会学的研究对象"就在其中,与其同在,处于其下"。谁也没有意识到的社会现象,社会学家是不会考察的。但他用一种独特的方式去考察其他学者同样关心的现象。

另一个例子是律师的视角。律师观点的涵盖面比经济学家宽得多。几乎任何人类活动都会在某一时刻进入律师研究的范围。实际上,这正是法律的魅力。在这里,我们再次看到一个非常独特的抽象程序。从人类极其丰富多样的行为举止里,律师会挑选那些相关的(用他的话说是"实质的")方面作为他独特的参考框架。凡是打过官司的人都知道,法律上相关的或不相关的标准常常会使主要的当事人大吃一惊。我们在这里不必关心这种情况。我们要说,法律的参考框架是由经过仔细界定的人的活动组成的。所以,我们就有了有关义务、责任或过失的清晰的模式。只有在明确的条件的主导之下,我们才能够把经验行为放进这些范畴,这些明确的条件是已经有法令规定的条件,或已经有先例可循的条件。当这些条件不具备时,一个行为在法律上就没有相关意义。律师的专业知识中含有构建这些模式的法律知识。在他的参考框架之内,他知道商务合同何时有约束力,汽车驾驶人何时将被认定有过失,强奸何时被认定为成立。

社会学家也许会考察同样的现象,但他的参考框架截然不同。最重要的是,他有关这些现象的观点不能够从法律或先例中演绎出来。他对商务交易中人际关系的兴趣与合同的法律有效性没有关系,同理,社会学家感兴趣的性行为偏离也不能够被置于特定的法律条文之下。以律师的观点来看问题,社会学家的研究和法律的参考框架没有关系。你不妨说,站在由法律概念构建的大厦中来看,社会学家的活动具有底层的性质。律师感兴趣的东西可以被称为特定情景中的法定的观念,而实际上社会学家研究的常常是非法定的观念。对律师而言,重要的是了解法律如何看待某种类型的罪犯;对社会学家而言,了解罪犯如何看待法律具有同等重要的意义。

社会学家提问时肯定有一个预设:提问者有兴趣透过平常被接受的或法定的人类行为的目标去察看更深层的意义。其预设含有一定的觉悟:人间事务有不同层次的意义,其中一些层次是隐蔽的,在日常生活中难以察觉。社会学家的预设甚至包含一定程度的质疑,他对人间事务的法定解释采取考问的态度,无论这些解释是否是权威的解释,也无论这些解释是否是政治、司法或宗教的解释。如果你愿意走这么远,结果自然就显而易见:并非一切历史环境对社会学视野的发展都是同样有利的。

倘若文化的自我概念经历过剧烈的振荡,尤其是文化里法定的、权威的和被普遍接受的自我概念经历过剧烈的振荡,那么在这样的历史条件下,社会学思想就获得了绝好的发展机遇。看起来这样的机遇是可能的。只有在这样的情况下,敏锐的人才可能超越自我概念的断言去思考问题,才可能去考问权威。阿尔伯特·萨洛蒙(Albert Salomon)令人信服地证明,只有在基督教世界的规定性结构瓦解之后,只有在法国大革命摧毁规定性的社会政治制度之后,现代社会学意义上的"社会"概念才能够出现。所以,我们可以再次将"社会"构想为大厦的隐蔽结构,大厦的外表遮蔽了内部结构,一般人是看不见的。在中世纪的基督教世界里,威严的宗教—政治外表使"社会"隐蔽无形,这一宗教—政治显形的外表构成了欧洲人的日常世界。正如萨洛蒙所云,宗教改革使基督教世界的团结瓦解之后,拥有绝对权力的国家展现出更加世俗化的政治外表,然而和此前的基督教世界一样,这种政治外表起到的是相同的作用。拥有绝对权力的国家瓦解之后,"社会"的底层框架才进入人们的视野。换言之,"社会"是动机和力量的世界,是不能用官方对社会现实的解释来理解的。于是我们说,可以用"看穿""看透"这样的字眼来理解社会学视野,颇像这些字眼在日常用法里的意思,比如"看穿他的把戏""看透表面现象",也就是"洞悉一切花招"。

倘若我们把社会学思想视为尼采所谓的"怀疑的艺术",我们离社会学的实质就不远了。请注意,如果认为这种艺术到了现代才出现,那就是很严重的失之过简。"看穿"(seeing through)可能是智能的一种很普遍的功能,即使在很原始的社会里也是如此。美国人类学家保罗·雷丁(Paul Radin)生动地描绘了怀疑主义,认为这是一种原始文化里的人类类型。从非现代西方的文明中,我们也能够找到证据说明,有一些形式的意识完全可以被称为原型的社会学意识(protosociological consciousness)。比如,我们可以证明希罗多德(Herodotus)或伊本-赫勒敦(Ibn-Khaldun)有这样的意识。甚至古埃及有些文本也不再表现出对政治和社会秩序的迷恋,虽然埃及文明是人类历史上久负盛名的最具有黏合力的文明。然而,自西方进入现代时期以来,这种破除迷恋的意识得到了强化和浓缩,成为体制化的意识,成为越来越多的思想敏锐的人物的标志。在这里详细探讨社会学思想的史前史不妥当,萨洛蒙已经就此做了大量的探讨。我们也不会列表显示社会学的思想先驱,说明他们和马基雅弗利、伊拉斯谟(Erasmus)、培根的联系,也不会显示他们和17世纪哲学及18世纪文学的联系——其他地方的其他学者已经做了很好的研究,他们大大超过笔者的水平。只需再次强调指出,社会学思想是若干思想成果的标志,而这些思想又是非常典型的西方现代历史的产物。

我们回头讲刚才那个命题:社会学的视角有一个"看穿"社会结构外表的机制。我们可以用都市人平常的经验来思考这个命题。大城市的魅力之一就是一排排宅院背后各种各样的活动,这些宅院似乎都是无名无姓、千篇一律。生活在这里的人不时会发现一些人汲汲于稀奇古怪的追求,并因此而感到吃惊甚至震撼;这些宅院丝毫不起眼,外表千幢一面,但背后的人却各色各样。有了一两次吃惊的体会之后,你可能会不由自主地出去溜达,也许是在晚上去逛街,你心里会想:窗帘背后灯火通明的房子里正在发生什么样的事情呢?一个普通家庭正在和客人愉快地交谈吗?正在上演绝望、病痛或死亡的一幕吗?正在上演有伤风化的一幕吗?或者可能正在进行奇怪的邪教仪式或危险的密谋吗?房子的外表不会告诉我们正在发生的事情,除了建筑风格符合某个群体或阶级的口味之外,它们不会透露任何信息,也许有些房主或房客早就不在这里住了。社会神秘现象在房舍的外表下盘桓流连。穿透这些神秘现象的希望和社会学的好奇心有相似之处。在灾害突袭的城市里,这样的希望可能会突然得到满足。经历过战争期间轰炸的人就有这样的感受,突然之间,在所住住宅楼的防空洞里,他们和房客相遇了,这样的接触完全出乎意料,甚至是难以想象的。或者他们会回想起早上看到房子在夜间被炸的一幕:房子被劈成两半,面墙撕掉了,室内隐蔽的一面被无情地暴露在光天化日之下。不过,在人们正常生活的大多数都市里,只有在个人好奇心的驱使之下,你才能够穿透表面去想象宅院里发生的事情。与此相似,在有些历史情况下,社会的表面现象被无情地撕开了,连最缺乏好奇心的人也几乎身不由己地被卷进去,因而看清了社会表面背后的现实。一般来说,这样的情况不会发生,社会表象仍然像坚不可摧的磐石横亘在我们面前。所以,如果要感知表面现象背后的真相,那就需要花费相当大的工夫。

再举几例,以便更加清楚地说明,社会学如何洞穿社会结构的外表。先以社区的政治组织为例。如果你想要弄清一个当代美国城市是如何管理的,你很容易得到这个课题的官方信息。这个城市有一个宪章,在州政府的法律规定之下运作。请教相关人士之后,你可以查阅界定城市宪法的法令。于是你就可能发现,这个社区有一个城市管理层形式的行政机构;或在城市一级的选举中,选票上不注明候选人的党派身份;或市政府参与一个大区的水务协调机构。与此相似,在查阅报纸之后,你可以发现官方承认的社区政治问题。你可能了解到,该市准备兼并某一个郊区,该市修订了分区的法令以便促进工业发展;你甚至会了解到,一位市议员被指控用公权牟取私利。所有这一切情况都发生在显性、正式或公开的政治生活层面。如果有人相信,这一类信息使他全面了解到该市的政治现实,那未免太天真了。社会学家首先想要知道的是"非正式权力结构"[对此研究感兴趣的美国社会学家弗洛伊德·亨特(Floyd Hunter)所用的术语]的构成情况。这是由人及其权力组成的结构形态,在任何法律条文里都找不到,在报纸里大概也是读不到的。政治学家或司法专家可能会觉得,将该市的宪章与类似社区的宪章进行比较饶有趣味。相比而言,社会学家更加关心的是弄清强有力的既得利益群体如何影响甚至控制着在该市宪章统驭之下当选的官员。这些既得利益者并不在市政厅里,而是在大公司的办公室里,在一小撮强权人物的私人豪宅里,也许是在一些工会的办公室里,有时甚至是在犯罪组织的首脑机构里。一般人认为,调控社区权力的是官方机构,而当社会学家关注权力的时候,他将洞察官方机构背后的权力结构。这未必意味着,他认为官方机构完全失去效能,也未必是说,司法界定的官方机构的职能全然是虚幻的东西。不过,他至少会坚持认为,在那个权力体制中,有另一个层面的现实需要他去调查。在有些情况下,他可能会断言,在被公众承认的地方去寻找真正的权力完全是骗局。

再举一例。美国各新教教会在所谓的"管理体制"(polity)中截然不同,所谓的"管理体制"是正式界定的教会管理形式。你可以说有主教制的、长老制的或公理教制的"管理体制"(这里指的不是教会的名字,而是不同教会共享的教会管理形式——比如说,圣公会和循道宗都采用主教制,而公理会教派和浸礼会教派都采用理教制)。几乎在所有的情况下,一个教会的"管理体制"都是长期历史进程的产物,建立在神学原理之上;直到今天,教义专家还在继续围绕这些神学原理争论。但是如果有兴趣研究美国教派管理体制的社会学家长期纠缠于这些正式的界定,他就不可能取得令人满意的成果。他很快就会发现,真正的权力和组织与神学意义上的管理体制几乎没有任何关系。他会发现,任何规模的教会的基本组织形式都是官僚体制。行政管理行为的逻辑是由官僚程序决定的,只有在很稀罕的情况下,教会的管理是按照主教制或公理教制的观点运行的。于是,在进行调查时,社会学家将会很快"看穿"界定教会官僚体制的、令人眼花缭乱的那一套用语,并正确指认出那些实际行使职权的人,无论这些人被称为"主教"(bishop)、"执事"(stated clerk)或"教会会议主席"(synod president)。据此他明白,教会组织隶属于更大的官僚体制,于是他就能够掌握教会组织里的办事程序,看到名义上的负责人承受的内外压力。换句话说,在"主教制管理体制"的外表背后,社会学家就能够感受到官僚机器的运行机制;实际上,这样的官僚机器与循道宗教会、联邦政府机构、通用汽车公司和汽车工人联合会里的官僚机器并没有太大的区别。

举一个经济生活的例子。工厂的人事经理乐于绘制色彩鲜明的图表,以显示管理生产的组织流程。人人各就各位,人人都知道接受谁的指令,又知道向谁传递指令,在生产这台大戏里,每个作业组都扮演被分配的角色。但实际上,事情很难以这样的方式运行——每一位优秀的人事经理都明白这个道理。凌驾于正式的组织蓝图之上的是一个不那么显著的群体网络,这些群体各有其忠诚、偏见、厌恶和(最重要的)行为准则。关于这种非正式的网络,工业社会学里有大量的数据可查,这个网络随时随地存在,它与正式的体制处在不同程度的协调和冲突之中。非正式组织和正式组织的共存也酷似这样的关系。凡是大群人工作或生活在一起的地方,凡是在强调纪律的体制内,都存在这样的非正式组织和正式组织,无论是在军事组织、监狱、医院或学校里,还是由儿童自己组成的、父母很难察觉的神秘团体里。同上述情况一样,社会学家将要谋求穿透正式版本(工头、军官、教师的版本)的现实的烟幕,尽力捕捉来自"下层社会"(工人、士兵、学童)的信号。

我们再举一个更深入的例子。在西方尤其在美国,人们普遍认为男女结婚是因为他们相爱。一个广泛流行的传说是,爱情的性质是猛烈、难以抗拒的激情,像电闪雷鸣,这是大多数年轻人想要达到的目标,而且常常也是青春不再的男男女女心目中的目标,这是一种说不清道不明的感觉。然而,一旦你着手调查谁和谁实际上结婚了,你立刻就会发现,丘比特风驰电掣的箭杆如有神助,强有力的神秘力量指引着它沿特定的渠道飞驰,这些渠道包括阶级、收入、教育、种族和宗教的背景。如果你进一步研究婚前的恋爱行为,研究那种误导人的"求爱"之类的委婉语,你就会发现,双方的互动常常达到了僵硬的仪式化程度。此时你就开始怀疑丘比特之箭的神奇力量。大多数情况下,造就了双方关系的不是爱慕的激情,而是精心的安排,而且正是这些精心的安排产生了渴望的情绪。换句话说,某些条件得到满足之后,或者某些条件被创造出来之后,当事人才能让自己"坠入爱河"。研究"求爱"和婚姻的社会学家很快就发现,复杂的动机网络和当事人生活于其中的制度结构存在着千丝万缕的联系,这是由阶级、事业、经济抱负、对权力和荣誉的渴望组成的制度结构。现在看来,爱情的奇迹是多种因素的综合产物。但我们必须再次指出,这未必意味着,社会学家将要宣告在任何一个具体的事例中,对浪漫爱情的解释是一种错觉。然而我们必须再次说明,社会学家将要超越俯拾即是的、公众意见一致的解释。仔细猜想一对恋人凝视月亮的心情时,社会学家未必会觉得受到什么解释的禁锢,他不必否认清风明月对恋人情感的冲击。然而,他还要观察构建此情此景、清风明月之外的因素,考虑其背后的机制——两人幽会时所驾的汽车的社会地位指数、决定两人服装品位和策略的信条、决定他们语言和风度的许多社会条件,以及他们幽会的社会场景和意图。

讲到这里有一点大概已经明白:社会学家感兴趣的问题未必是其他人所谓的"问题"。官方和报界(可惜还包括一些大学的社会学教材)所谓的"社会问题"把明明白白的事情搞得朦朦胧胧。人们通常所谓的"社会问题"是不能按照官方界定运转的社会事件。于是,他们期待社会学家去研究由他们界定的"问题",让社会学家提出"解决办法",以使之满意。和这样的企盼相反,社会学问题和"社会问题"截然不同,这样的认识很重要。比如,倘若社会学家按照执法部门的界定去集中解决犯罪"问题",那就是相当幼稚的;或者因为离婚对婚姻道德论者是一个"问题",社会学家就集中精力去研究它,那也是十分幼稚的。再举一个更加明显的例子。工头要工人提高工作效率的"问题",或指挥官命令士兵一鼓作气向敌人冲锋的"问题",对于社会学家根本就不算是问题(在此不考虑社会学家应公司或军队之聘去研究这些"问题"的情况)。社会学问题永远是去理解社会交往中正在发生的事情。所以我们说,社会学问题不是权威部门认为"出错"的事情,也不是从社会治理的角度看"出错"的事情;相反,社会学问题首先是整个系统如何运行、有何预设、靠什么结合为一体的问题。社会学的根本问题不是犯罪而是法律,不是离婚而是婚姻,不是种族歧视而是以种族界定的社会分层,不是革命而是治理。

我们可以用一个例子做进一步的解释。以贫民窟里下层阶级的居住区为例,它想让青少年摆脱公众反感的青少年帮派活动。社会工作者和警官界定"问题"所用的参考框架,是由中产阶级的、令人尊敬的、公众首肯的价值观决定的。据此,青少年开着偷来的汽车兜风是"问题",如果让他们在小区里玩集体游戏,那就是"解决问题"。然而,如果你改变参考框架,从那些帮派头头的角度来看问题,界定"问题"的方式就颠倒过来了。如果帮派成员被集体活动吸引而离开他们的团伙,那就成了损害团结的"问题",因为在他们自己的世界中,团伙的活动赋予团伙威望;让社工们从哪里来就回到哪里去,那才是团伙的"解决办法"。一个社会体系的"问题"对另一个社会体系来说是正常的事情,反之亦然。代表两个体系的人围绕忠诚与不忠、团结与偏离所下的定义是矛盾的。面对这样的情况,社会学家可能会按照他自己的价值观认为,中产阶级世界的威望更加可取,因此他想为这个小区助一臂之力,他想要在这个没有主教的地方设置一个前沿阵地。然而这并不是说,社工负责人感到头痛的问题就可以和社会学家的问题画等号。社会学家想要解决的"问题"涉及对整个社会情况的理解,涉及两个体系的价值观和行为方式,他要研究的是,两个体系如何在相同的时空中共存。稍后我们将会更加清楚地看到,社会学家能够从两个互相较量的体系的角度来看问题;实际上,他这种研究能力正是社会学意识(sociological consciousness)的标记之一。

于是我们主张,社会学意识里有一个揭露真相的母题。受社会学固有逻辑的驱使,社会学家有时要揭露社会体系的假象。这种揭露真相的情绪未必是由社会学家的气质或倾向引起的。事实上,社会学家个人可能有调和的倾向,他可能非常不愿意扰乱令人舒适的预设,而且他个人的社会生存可能就依托于这些预设;然而在实际的研究工作中,他可能被职业驱使而公然违抗周围的人视为理所当然的东西。换句话说,社会学揭露真相的母题并不是心理学的母题,而是方法论的母题。社会学的参考框架有一个内置的方法论,社会学研究的现实的层次并非官方所解释的层次，它带有揭露真相的逻辑必然性，社会学有责任揭示人们用来掩盖互动的托词和宣传。这种揭露真相的责任是社会学的特点之一，它尤其精于把握当代社会的脾气。

我们可以用社会学领域的发展动态来说明社会学思想揭露真相的倾向。比如，韦伯社会学的主题之一是人类社会行为无意为之、未能预料的后果。在他最著名的书《新教伦理和资本主义精神》里，韦伯证明，新教价值观念的某些影响和资本主义精神的发展有一定的关系。批评韦伯的人之所以误解他，正是因为他们忽略了这个主题。他们指出，韦伯引用的新教思想家并没有意图用自己的思想去产生具体的经济果实。具体地说，韦伯认为加尔文的预定论教义使人以所谓的"内心世界禁欲"的方式立身行事，换句话说，这样的行为方式关注的是现世的事务，尤其是经济事务，而且其关注是强烈的、始终如一的、忘我的。批评他的人说，韦伯的观点大谬不然，根本就不是加尔文及其他加尔文派宗教改革领袖的思想。然而韦伯从来就没有主张，加尔文教义的意图就是产生这样的经济行为模式。相反，韦伯很清楚，新教思想家的意图千差万别，而后果的产生和他们的意图没有关系。换句话说，韦伯的研究成果（不仅限于刚才提及的最著名的著作）勾勒了一幅生动的人类行为的反讽图。他的社会学思想与那些认为历史是思想的具体实现，或者认为历史是个人或集体有意为之的结果的想法都是对立的。这根本不是说思想不重要，而是说思想的产物常常和起初规划或希望的结果大不相同。历史具有讽刺意义——这样的社会学意识具有使人清醒的作用；对各种类型的革命乌托邦而言，这种意识是一副强劲的解毒药。

社会学揭示真相的倾向潜隐在一切社会学理论中，这些理论都强调社会过程的独立性。比如,法国社会学最重要的学派的鼻祖埃米尔·迪尔凯姆(Émile Durkheim)就强调,社会是自成一格的现实,不能够被简化为不同层次的心理学因素分析或其他的因素分析。这个观点产生的影响是,在对各种社会现象的研究中,迪尔凯姆完全不考虑个人意向明确的动机和意义。他著名的研究自杀的著作最清楚地显示出这个观点。在《自杀论》的分析里,迪尔凯姆完全不考虑自杀者和自杀未遂者的个人意向,他的统计分析偏重于当事人的社会特征。他认为,在社会中生活就是在社会逻辑的支配下生存。通常人们的所作所为遵循这个逻辑,只是对此浑然不知而已。因此,为了揭示社会的内在动态关系,社会学家提问时,常常不得不漠视社会行为者的回答;他必须要到回答的言外之意中去寻求解释。从本质上说,这是迪尔凯姆的研究方法,这个方法已经传承到如今的功能主义方法论中。按照功能主义的分析,社会是自有其独特运行机制的系统,对系统中的行为人而言,这些运行机制常常是朦胧的或模糊的。当代美国社会学家罗伯特·默顿(Robert K. Merton)提出"显性"功能和"隐性"功能的概念,很好地表述了功能主义方法论。"显性"功能是社会过程中有意识的、刻意为之的功能,"隐性"功能是无意识的、无意为之的功能。因此,

> 罗伯特·默顿(1910—2003),美国社会学家、结构功能主义的代表人物之一,著有《17世纪的英格兰技术与社会》《社会理论与社会结构》《站在巨人的肩膀上》等。

反赌博立法的"显性"功能可能是压制赌博,其"隐性"功能则是把赌博辛迪加定性为非法的王国。再以非洲基督教教团为例。其"显性"功能是让非洲人信基督教,其"隐性"功能是摧毁本土

的部落文化,给快速的社会变革提供动力。又以美国的志愿组织为例。其"显性"功能是组织社会活动和公共服务,其"隐性"功能是给该组织成员的社会地位加分。

"意识形态"这个概念是一些社会学理论的核心概念,这是社会学揭示真相倾向的又一个例证。社会学家用这个字眼来探讨使某一既得利益群体具有合法性的观点。这些观点经常扭曲社会现实,在这一点上,它和个人会扭曲社会现实别无二致;对个人生活中不那么方便点破的东西,有些神经质的人会予以否认或扭曲,或重新进行解释。意大利社会学家维尔夫雷多·帕累托(Vilfredo Pareto)重要的方法论在关于意识形态的论述中占有核心地位。在稍后的一章里,我们将看到,"意识形态"的概念对于"知识社会学"的方法论非常重要。经过意识形态层面的分析之后,人们用以解释自己行为的观念被证明是自欺欺人或推销私货的说辞。大卫·里斯曼(David Riesman)称之为"诚实"(sincerity)实在是恰如其分,有这种心态的人习惯成自然地相信自己的宣传。

> 大卫·里斯曼(1909—2002),美国社会学家,代表作有《孤独的人群》《人群中的面孔:个人气质与政治研究》《富裕为谁?》等。

以这样的方式来分析,我们就可以说以下的表现就是"意识形态":许多美国医生相信,如果废除付费医疗,健康水平就会下降;许多殡葬业主确信,收费低的殡葬服务显示了对亡灵的冷漠;电视竞猜节目主持人一般把竞猜节目界定为"教育"节目;保险推销员把自己打扮成针对年轻家庭的慈父般的顾问;滑稽的脱衣舞女郎说自己是艺术家;搞宣传的人标榜自己是通晓沟通的专家;刽子手吹嘘自己是公仆——所有这些观念不仅是愧疚心理的缓冲剂或对社会地位的焦虑的表现,而且是整个群体的冠冕堂皇的自我辩解。这当然是他们必然的选择,否则他们难以忍受被革出教门的痛苦。在揭露意识形态装腔作势的社会功能时,社会学家尽量避免成为被马克思诟病的历史学家。马克思说,每一位街头的杂货商都比历史学家高明,他们都知道,人们的实际生活水准和他们号称的生活水准之间是存在差别的。社会学揭露真相的母题就是穿透言词的烟幕,深入到行为背后去发现人们不会承认的,而且常常使人不愉快的行为动机。

上文业已暗示,每当人们普遍接受的解释或权威人士的解释被动摇时,社会学意识就会抬头。已如上述,有一个很好的例子让我们去考虑法国(社会学的母国)社会学的源头;法国社会学是为了从思想上去对付法国大革命的后果才产生的,不仅是为了对付1789年的大变革,而且是为了解释托克维尔(Alexis de Tocqueville)所谓的19世纪的继续革命。以

托克维尔(1805—1859),法国作家、政治家,曾游历美国,所著《美国的民主》成为经典,该书分析了美国政府制度的优缺点。

法国为例,我们不难构想,社会学的背景是现代社会的快速变革、社会外观的崩溃、对传统信条的信仰的低迷、可怕的新兴社会力量的蓬勃兴起。德国是19世纪兴起社会学运动的另一个重要的欧洲国家。这里的社会学是另一番景象。如果再次借用马克思的话说,德国人倾向于用大学教授的研究来进行法国人用路障发动的革命。至少,德国人革命的学术根基之一,也许是它最重要

的一个根基,可以到所谓的"历史决定论"(historicism)里去寻找,这是一个基础广泛的思想运动。不过我们不可能在这里对这场运动展开论述,只能够说,这场运动代表了一种用富有哲理的目光去审视主导的相对论意识的尝试:历史里的一切价值都具有相对性。这种相对论意识几乎是德国历史研究的必然结果,在一切可以想象的领域,德国人都积累了大量的历史研究成果。大量的历史知识给一些观察家留下了混乱无序的印象,于是使之有序并能够被人理解的需求应运而生,社会学思想至少在一定程度上植根于这样的需求。然而毋庸赘言,德国社会学家所处的社会在变化,亦如法国社会学家所处的社会在变化一样。到 19 世纪后半叶,德国快速迈向工业大国,统一的德国形成。不过,德国的这些变化并非此地钻研的课题。如果我们转向美国,我们会再次发现,在这个社会学受到广泛欢迎的国家里,社会学又是另一番景象,当然其背景也是快速而深刻的社会变化。在考察美国的发展时,我们会发现另一个和揭露真相关系密切但并不完全相同的母题:美国社会学津津乐道的对社会不敬的观点。

每一个西方社会都可以分为可敬的和可鄙的两部分。在这个方面,美国社会并非处在特殊的地位,但美国社会可敬的一面尤其易为公众所接受,部分原因可能是清教徒生活的持久影响。更重要的原因可能是,资产阶级在塑造美国文化方面唱主角。虽然这有历史因果论之嫌,但观察美国的社会现象并将其分别纳入可敬的和可鄙的两部分之中是不难做到的。我们能够感觉到那种台面上的、受人尊敬的美国,以商会、教会、学校和其他市民仪式中心为象征的美国。但和这个受人尊敬的世界相对的是"另一个美国",所有城镇,无论大小都存在这样的世界,这个美国具有

HUCKLEBERRY FINN.

哈克贝利·芬,美国作家、幽默大师马克·吐温(Mark Twain, 1835—1910)的小说《哈克贝利·芬历险记》的主人公。

其他的象征,说的是另一种语言。这种语言恐怕是它最保险的标签,这是弹子房和扑克牌游戏的语言,是酒吧、妓院和军营的语言;也是两位推销员对饮叹息时爆发出来的语言,他们在星期日上午乘火车跨越中西部,眼看窗外干干净净的小村落疾驶而过,而衣着整洁的村童列队进入粉白的避难所。这种语言是女士和教士在场时被压抑住的语言,其生命力主要靠口耳传承,由哈克贝利·芬(Huckleberry Finn)这样的孩童一代又一代往下传(虽然近年来,这种语言在刺激女士和教士的一些文学书里沉淀下来)。操这种语言的"另一个美国",可见于被排除在中产阶级礼仪之外的人群中，也见诸主动远离中产阶级礼仪的人群中。在资产阶级化的道路上尚未走得太远的工人阶级身上，在贫民区、陋室里，在城市社会学家称为"过渡区"的城市里，我们听到了这样的语言。我们发现，它有力地表现在美国黑人的世界里。我们在下层世界里邂逅了这样的语言，由于这样那样的原因，下层世界里的人们心甘情愿地远离正街（Main Street）和麦迪逊大街（Madison Avenue）。这是爵士乐手、同性恋者、流浪汉和其他"边缘人"的世界。在体面人生活、工作和娱乐的社区里，你肯定看不见他们的身影（当然，下层世界有时也给一些体面的男人提供方便，让他们离家外出去寻欢）。

美国社会学很早就被学术界接受，并得到关注福利活动的人士的支持。从一开始，社会学就和"官方美国"联系在一起，和社区及国家的决策者联系在一起。如今，社会学仍然保持着和大学、商界以及政府令人尊敬的关系。除了南方的种族主义者之外，社会学这个名字很少让人皱眉头；只有南方那些有文化、能够读懂1954年联邦最高法院废除种族隔离制的裁决书中的注释的种族主义者，才会反对社会学。然而我们要指出，美国社会学一个重要的潜流使之和"另一个美国"联系在一起；这"另一个美国"是说粗话、发牢骚的美国，是不会被官方的意识形态影响、感动或糊弄的世界。

这种以不敬的眼光审视美国的观点，最清楚不过地反映在索斯坦·凡勃伦（Thorstein Bunde Veblen）的身上，他是美国早期社会学领域的重要人物之一。他的人生本身就游走在边缘地带：他难以和人相处、脾气暴躁；出生在威斯康星州边境上的一个挪威移民农场；英语是他的外语；终身和道德上、政治上令人生疑的人有关系；他是学问上的游荡者；死不回头地勾引有夫之妇。他从这个角度获得的对美国的看法可见于他揭露真相的讥讽中，讥讽的调子像一条紫色的丝带贯穿在他的著作里，尤其表现在《有闲阶级论》(Theory of the Leisure Class)中。这本书无情地揭示了美国上层中产阶级装腔作势的阴暗面。他对社会的观点很容易用一连串不同于扶轮社(The Rotary Club)的观点来理解。他鞭答"炫耀性

索斯坦·凡勃伦(1857—1929)，美国经济学家和社会学家，制度学派创始人，著有《有闲阶级论》《企业论》《美国的高等教育》等。

消费"的现象，反对中产阶级追求"优雅事物"的热情；他从操纵和浪费的方面来分析经济过程，揭示美国人一味追求生产力的民风；他揭露房地产投机的种种花招，认为这样的投机危害美国社区意识形态；他辛辣地讥讽学术界的生活[见《美国的高等教育》(The Higher Learning in America)]，揭露弄虚作假、狂妄自大的风气，反对美国教育界的迷信。一种新凡勃伦主义在一些年轻的美国社会学家里成为时尚；我们无意在此和新凡勃伦主义拉关系，也不认为凡勃伦是美国社会学发展史上的巨人。我们仅仅指出他不虔敬的好奇心和清晰的洞见，这是一种观点的标志，而这种观点产生于在礼拜天睡懒觉的那种文化圈子。我们也不认为敏锐的目光是不敬者的普遍特征。

> 扶轮社，由地区性小俱乐部组成的国际机构，做慈善工作，成员为专业人士，如医生、律师、商人等。

愚蠢和懒散的思想在社会学界的频谱里或许是分布得相当均匀的。然而，凡是有思想的地方，凡是思想摆脱了虔敬目光的地方，我们都可以更加清楚地观察社会现实，和那些把华丽辞藻塑造的形象当作生活真相的人相比，我们要略胜一筹。

美国经验研究的若干历史案例，可以作为社会学家更喜欢用不敬的眼光来审视社会的佐证。比如，回顾20世纪20年代芝加哥大学在城市研究方面的蓬勃势头，我们会惊异于城市生活阴暗面对这批研究者产生的难以抗拒的吸引力。这个学派的领军人物是罗伯特·帕克（Robert Park）。他对学生的忠告是，他们在研究工作中应该常常把手弄脏；意思是说，他们要对密歇根湖北岸富人认为"肮脏"的东西感兴趣。在他们的许多研究个案中，我们能够感觉到他们激动的心情。他们发现了大都会的阴暗面：贫民窟的生活、公寓房的凄冷、穷人街的悲凉、罪犯和妓女的世界。所谓"芝加哥学派"的一个支派对不同的职业做了社会学研究，其成果很大程度上应归功于埃弗雷特·休斯（Everett Hughes）及其学生筚路蓝缕的工作。在这里，我们也看到对各种人生领域的兴趣，他们不仅研究令人尊敬的职业，而且研究职业舞女、公寓房看门人、职业拳师或爵士乐手的世界。在美国社区研究的过程中，我们也可以看到类似的趋势。社区研究是继罗伯特·林德（Robert Lynd）和海伦·林德（Helen Lynd）夫妇著名的《中镇》（*Middletown*）系列研究之后兴起的另一个社会学流派。社区研究必然要绕开社区生活的官方文本，穿透社区的社会现实，它不仅要从市政厅的角度来看问题，而且要从城市监狱的角度来看问题。根据事实本身来判断，这种社会学研究方法就是对那种令人尊敬的预设的反驳——只有某些观点才值得用严肃的态度去对待。

我们不想给人留下夸张的印象，不想使人以为这样的社会学调查对社会学家的意识产生了很大的影响。我们很清楚，在一些研究的个案里，浪漫情怀和揭露丑闻这两种成分都同时存在。我们还知道，许多社会学家以尊敬社会的世界观充分参与社区的活动，他们和所在街区的其他老师—家长联谊会的成员其实并没有什么区别。然而，我们坚持认为，社会学意识使人意识到，除了对社会抱尊敬态度的中产阶级的世界之外，还有其他的世界，这种意识本身就带有思想不敬的种子。在第二期的《中镇》研究中，林德夫妇对中产阶级的一连串"当然"的口头禅意识做了阶级分析。这些套话代表着他们强烈的共识，以至于对有关自己的任何问题，中产阶级的回答都以"当然"开头。"我们的经济是自由企业经济吗？""当然！""我们的一切重要决策都是通过民主程序作出的吗？""当然！""一夫一妻制是婚姻的自然形态吗？""当然！"然而，无论社会学家在私生活中多么保守和顺从，他们都知道，他们要对这些口头禅提出一连串严肃的问题，无一例外。由于这样的认识，社会学家已经被带到不敬态度的门槛了。

　　社会学意识里这种不敬的母题未必隐含着革命的态度。我们想再前进一步表达这样一个观点：社会学的认识本身就敌视革命的意识形态，这并不是因为社会学有一种保守的偏向，而是因为它不仅看穿了对现状的幻灭感，而且看穿了对未来的虚幻的期待；须知，虚幻的期待就是革命者习惯性的精神营养。我们十分珍视社会学这种非革命性的、温和的清醒意识。以个人价值的观点来衡量，更加令人遗憾的是，社会学的认识未必导致对人类弱点更多的宽容和尊重。人们在观察社会现实时，既可以抱同情的态度，也可以抱玩世不恭的态度；两种态度都可以和清晰的洞见兼容。但不管社会学家是否能够以同情的态度去研究社会现象，他在研究社会的时候都要在一定程度上和他理所当然的姿态拉开一定的距离。不敬的态度可以表现为情绪，也可以表现为意志，但无论其表现形式如何，不敬的态度始终应该是社会学家头脑里的一种可能性。这种态度可能会与他生活的其他方面隔离开来，也可能掩藏在日常的心态之下，甚至在意识形态上遭到否定。然而，完全的思想尊敬必然意味着社会学的死亡。真正的社会学研究在极权主义的国家很快就消失得无影无踪，其原因之一就在这里，纳粹德国就是很好的例子。社会学的认识有一个隐含的意义：对警察和其他公共秩序的守护者的头脑而言，它始终是一个潜在的危险，因为它总是倾向于使绝对正确的断言中性化，而警察等守护者的头脑总是以这样的断言为依托。

　　本章结束之前，我们想再次看看已经几次提到的中性化问题。我们想明确宣示，社会学之所以和当代契合，正是因为它代表的意识是价值完全中性化了的世界的意识。这种中性化的意识已然成为我们日常想象力不可分割的一部分，以至于我们很难充分理解其他一些文化的世界观为何一直那么封闭和绝对，也很难理解为何至今有些文化依然那么封闭和绝对。美国社会学家丹尼尔·勒纳（Daniel Lerner）在研究当代中东的著作《传统社会的消逝》（*The Passing of Traditional Society*）里，生动描绘了"现代性"；在那些国家里，"现代性"是一种全新的意识。对传统的头脑而言，你就是此刻的你、此地的你，你不能想象你还能够是任何不同的你。与此相对，现代人的头脑是变动的，能够体验其他地方其他人的生活，现代人很容易想象自己改变职业或住所。于是，勒纳发现，一些文盲受访者对有些问题只能够报之以尴尬的笑声；当被问及如果自己是统治者会做什么时，或被问及在什么情况下会考虑离开家乡时，他们总是无言以对，只能够一笑了之。换句话说，传统社会赋予其成员明确而永恒的身份。与此相反，在现代社会里，身份本身是不确定的、流动的。你并不知道如果你是统治者人们会对你有什么样的期待，也不知道人们对你作为父母、作为有教养的人、作为性行为正常的人有什么期待。典型的情况是，你需要听到专家的告知以后，才知道应该做什么。读书俱乐部的编辑告诉我们文化是什么；室内装修设计师告诉我们应该具有什么样的品位；心理分析师告诉我们，我们是什么样的人。生活在现代社会里，意味着生活在角色不断变化的万花筒的中心。

在这里，我们要再次放弃做进一步阐述的诱惑，因为这会离题太远，而进入现代生存的社会心理学领域。相反，我们要强调现代生活情景的思想方面，因为在这个方面，我们将看到社会学意识重要的一面。现代社会的地理流动和社会流动速度前所未有，其意味是，你看世界的方式也变得前所未有地丰富多样。过去人们对其他文化的了解要借助旅行，如今，这样的见闻却被大众媒体送进了起居室。有人对都市人的世故下过这样的定义：在自家门前看见稀奇古怪之人却泰然处之，那就叫世故；比如说有个人戴着穆斯林头巾、裹着缠腰带、脖子上缠着蛇、敲打着手鼓、牵着一头猛虎在你家门前走过，你那种处变不惊、岿然不动，就叫世故。无疑，这样的世故有程度之别，不过，凡是看电视的儿童都获得了一丝世故的经验。同理，这种世故一般是肤浅的，不会拓展为对不同生活方式的理解。然而，有了这样的经验之后，你亲身出门旅行和通过想象旅行的可能性都大大增加了。其隐含的结果是,你至少获得了一种潜在的意识:自己的文化,包括基本的价值观在时间和空间上都具有相对性。从一个社会阶层向另一个社会阶层的社会流动放大了这个中性化的效应。凡是经历过工业化的地方,一种新的动态机制都被注入了社会机体。大批人的社会地位开始改变,群体的、个人的社会地位都有了变化,而且这种变化一般是"向上"的变化。在这种流动性的背景之下,个人的阅历不仅包含了对许多社会群体的了解,而且包含了对与此相关的许多思想世界的认识。于是,一位管邮件的浸礼派干事,后来成了圣公会的初级执事,他便不再读《读者文摘》而转向精英杂志《纽约客》;一位教员担任系主任之后,他的夫人也远离了畅销书而转向普鲁斯特和卡夫卡的著作了。

鉴于现代世界里人们世界观总体的流动性,信仰的改变成为我们时代的特征,就不值得大惊小怪了。知识分子尤其容易急遽而频繁地改变世界观,这也不足为奇。表达有力、自成一体的思想体系都颇具思想魅力,论述这些思想体系的文献真可谓汗牛充栋。各种形式的心理分析也可以被理解为使人的思想发生变化的制度化机制。在接受心理分析的过程中,个人不仅改变了对自己的看法,而且改变了对世界的观点。形形色色的新崇拜和新教条颇为流行,它们以各种巧妙思想的形式表现出来,并根据信众的文化水平进行调整,这就是当代人的思想容易变化的另一种表现。现代人,尤其是有文化的现代人,似乎处在永恒的怀疑心态中,他们对自己的天性和宇宙的性质都心存疑问。换句话说,相对性的意识在过去的各个时代可能是少数哲人的意识,如今它却成了覆盖面宽广的事实,相对性的文化意识一直通达社会体制的最下层。

我们不想给人留下一种印象:相对性的感觉及由此而引起的世界观容易改变的情况是思想或情感不成熟的表现。毫无疑问,你不能够对这个模式的一些表现形式太认真。不过我们还是要说,一个基本上相近的模式几乎成了命定的模式,即使最认真的精神追求也难逃这个命定的模式。你在现代世界里生活,就不可能不充分认识到,道德、政治和哲学承诺具有相对性;用帕斯卡(Blaise Pascal)的话来说,在比利牛斯山脉一边是正确的东西,到了山的另一边可能是错误的。如果你深入钻研当代业已被充分阐释的意义体系,你真的禁不住会担心,它们是否能够对现实世界作出全面的解释——它们是否能够解释体系的变化?是否能够解释从一种体系转向另一种体系的方式?

帕斯卡(1623—1662),法国数学家、物理学家、哲学家,著有《沉思》。

我们不用"皈依"(conversion)这个词,因为它有宗教内涵,我们宁可用更加中性的"选择"(alternation)一词来描绘这种现象。在上一段描绘的思想背景里也可能出现这样的现象:个人可能会在逻辑上矛盾的意义体系之间来回"选择"。每一次"选择"的时候,他进入的意义体系会给他的生活经验和他所在的世界提供一种解释,包括对他放弃的意义体系的解释。而且,新意义体系给他提供了抗击他犹疑不决心态的工具。天主教徒用忏悔做自我惩戒,心理分析师用技巧来对付"阻力",两者都异曲同工、目的相同:防止脱离特定的意义体系,让个人用体系本身的言辞来解释他自己的疑问,从而使他留在这个意义体系里。一些水平较低、不太严密的意义体系也采用各种手段去杜绝疑问,以便消除疑虑引起的威胁,保持个人对意义体系的忠诚;即使在一些不太复杂的意义体系里,比如在耶和华见证会(Jehovah's Witness)和黑人穆斯林(Black Muslim)里,你也可以看到他们运用辩证技法的手段。

> 耶和华见证会,基督教教派,19世纪后半叶兴起于美国,相信《圣经》里的话句句是真理,认为世界末日即将来临,信徒上门传教,反对战争和政府集权,拒服兵役。

> 黑人穆斯林,由美国黑人组成的伊斯兰教团体,主张不与白人来往、建立独立的黑人社会。

然而,如果你抗拒这样的诱惑,不接受这样的辩证技法,如果你愿意直面"选择"导致的相对性的经验,那么,你就获得了另一种关键的社会学意识:不仅身份,而且思想也和特定的社会场景相关。在稍后的一章里,我们将会看到,这种社会学意识是相当重要的。我们在这里只说,这个中性化母题(relativizing motif)是社会学研究的另一种基本推动力。

本章尝试勾勒社会学意识的方方面面,主要分析了三个母题:揭露真相、不敬的态度和中性化的趋势。最后,我们还想再加上第四个母题;虽然其隐含的深远意义远远不如其余的三个母题,但在勾勒一个圆满的画面时它还是有用的。这就是世界眼光的母题(cosmopolitan motif)。回顾古代我们看到,在城市里滥觞的一种开放意识,是对世界的开放,是对我们自己的思维方式和行为方式的开放。无论我们想到的是雅典或亚历山大城,是中世纪的巴黎,还是文艺复兴时的佛罗伦萨,抑或是近代史上动荡的城市,我们都可以看到其中的世界意识,这种意识是城市文化的典型特征。具有世界眼光的人不仅是城市的人,而且是儒雅的人;无论他多么依恋自己的城市,他都会在思想旅程中周游世界。无论身在何处,只要动脑筋思考问题,即使他的身体和情感不一定轻松自如,至少在心里可能会感到宾至如归。我们认为,社会学意识也具有这种天下一家的特征。对社会学研究而言,兴趣只集中在一点的狭隘目光始终是一种危险的信号(遗憾的是,这是在今天美国社会学研究的诸多领域里升起的危险信号),其道理就在这里。社会学的视野是放眼于人类生活的广博、开放的视野,是摆脱了束缚的视野。最优秀的社会学家能够欣赏奇乡异土,他的内心向无限丰富的人类潜力开放,他热情追求新的视野,追求人类意义的新世界。也许毋庸赘言我们就能够证明,在如今世事的进程中,这种人能够扮演特别有用的角色。

第三章 "补记":选择与生平叙事
(亦名:如何获得预制的过去)

经典名句

◆ 过去是可变的、易变的、不断变化的,这是因为我们回忆过去的经历时往往反复进行新的解释。所以我们说,一个人有多少观点,他就有多少不同的人生经历。

◆ 每个人都要适应他身处其中的特有的社会。每个人都在适应社会的过程中成长。只有在分享这个具体的社会里那些认知的和规范的预设时,人才能够成为健全的人。

◆ 人的生活阅历是在若干具体的社会环境里流动的,所有的社会环境都附带着具体的意义体系。

亨利·伯格森(1859—1941),20世纪初法国著名哲学家,"生命哲学"创始人,"非理性主义"的主要代表,《创造进化论》是其代表作之一。

在上一章里我们尝试证明,在以"选择"为特征的文化情景中,社会学意识就可能兴起;所谓的"选择",是在不同甚至矛盾的意义体系之间进行抉择的可能性。在接下来的几章里,我们将要尝试描绘社会学在观察人类生存的视角方面的一些关键特征。不过,进入主要论题之前,我们要驻足片刻去审视"选择"的现象,我们将略微偏离大道探访小路,看看这一现象对个人理解自己的人生阅历有何重大意义。这一章"补记"可能会进一步澄清:社会学意识不仅是迷人的历史幽灵,可以让你从中受益;它还是一种对生存的选择,你可以借此整理人生阅历,并使之井井有条、富有意义。

　　按照常识,在我们经历的事件中,有一些比较重要,另一些不那么重要,所有的事件加在一起构成我们的人生阅历。所以编写个人小传就是按照时间顺序或重要程度来记录个人经历的事件。但即使纯粹按照时间排序编排的记录也有一个包罗哪些事件的问题,因为履历显然不可能包括一切相关的事件。换句话说,即使是纯时间顺序的记录也迫使你考问诸多事件的相对重要性。在决定历史学家所谓的"历史分期"问题上,事件的相对重要性就特别明显。在西方文明里,你认为何时才是中世纪的起点?在你的个人履历里,你认为青春是在何时结束的?在一般情况下,这样的起点和终点是由历史学家和传记作者所谓的"转折点"决定的。比如,查理曼大帝(Charlemagne)加冕礼的日期、乔·布罗(Joe Blow)决定入教并宣誓对妻子忠诚的日期等就是这样的"转折点"。然而,即使最乐观的历史学家和传记作者(也包括自传作者),也有犹疑的

> 查理曼大帝(742—814),即法兰克国王(768—814)、查理帝国皇帝(800—814)、神圣罗马帝国皇帝。他扩展疆土,建成庞大的帝国,鼓励学术,兴建文化设施,使宫廷成为繁荣的学术中心。

时刻,难以断定哪些事件是真正的转折点。也许他们会说,查理曼大帝的加冕礼不应该被当作转折点,转折点应该是他对撒克逊人的征服。或许,乔放弃当作家的雄心的时刻应该是他中年的起点。你决定选择这一事件而不是那一事件的依据显然是你的参考框架。

  这个事实在普通人的思想中并未受到完全遮蔽。有一个观点说明,一般人都能够体会到这样的事实。这个观点是:等到相当成熟之后,人才能够真正理解自己的生平。自我意识的成熟可以说在人的认识中占有优先的地位。中年人乔接受了命中注定的事实:他的妻子不会变得更漂亮,他作为助理广告经理的工作不可能变得趣味盎然,他年轻时代拥有许多美丽女人的想法是很不成熟的,写一部功盖半个世纪的小说的想法也是很幼稚的。所谓成熟是心态平和、安于现状、放弃冒险和成就的狂想。这种成熟观念的心理功能是让个人放低身段、目光下移以求设计合理的目标;这一点不难明白。以为天赐祥瑞是理所当然的年轻人乔,一想到晚年失败和绝望的形象就可能会退缩;这也是不难想象的。换句话说,我们主张,所谓成熟观念实际上提出这样一个问题:

人生阅历中什么重要、什么不重要？从一个观点看很成熟的状态，用另一个观点来解释可能就是懦弱的妥协。遗憾的是，年龄的增长未必就等同于智慧的增长，今天的观点在认识论上未必就比去年的高明。顺便需要指出，同样的道理使今天的大多数历史学家抱小心谨慎的态度，他们慎重对待人类事务中进步或进化的观念。人们很容易这样去想象历史：我们这个时代是人类成就的巅峰，其余的历史时代都可以用当代的标尺来衡量，看看它离我们现在的立足点有多近或有多远就可以判断它的进步程度。也许在地球人的历史上，具有决定性的事件发生在公元前2405年。那一年一个平静的下午，一位埃及僧侣午睡之后顿悟到了人类生存之谜的终极答案——然而他不曾将顿悟告诉任何人，于是他的顿悟就随着他的生命消逝了。也许，此后发生的一切只不过是无关紧要的尾声而已。除了众神之外，大概谁也不可能把人类历史之谜搞清楚；可令人遗憾的是，众神传递的信息似乎很暧昧。

　　玄想到此为止，我们回头讲人生阅历的问题。看起来，人生阅历可以用多种方式来解释。这些解释也不能够仅仅靠外在观察者去完成；我们去世之后，意见对立的传记作者对于我们所做或所说的这样那样的事情有何意义常常会争吵不休。我们本人不断对自己的人生阅历进行解释，甚至是重新解释。正如伯格森（Henri Bergson）所言，记忆本身是反复重申的解释。我们记住过去的经历时，常常根据当前何为重要何为不重要的想法去重构自己的记忆。这就是心理学家所谓的"选择性感知"（selective perception）。唯一的不同之处在于，心理学家通常把这个观念用于分析当前的情况。这就是说，在任何情况下，由于可能会引起我们注意的东西几乎是无穷无尽的，所以我们只能够注意对当前的目的来说重要的事情,其余的则置之不理。但在当前的情况下,有人可能会指出我们忽略的东西并且将其强加在我们的意识之上。除非我们真的精神失常,否则我们就会承认,这些被忽略的东西的确存在,虽然我们还要强调说,我们对它们不太感兴趣。面对摧枯拉朽的遗忘机制,我们决定忽略的经历实在是没有藏身之地。在这里,我们不会违背自己的意志去指出这些被遗忘的经历;只有在极特殊的情况下(比如刑事诉讼中),我们才不得不面对我们不能够提出异议的证据。人们通常认为,过去的经历是凝固僵化、不会变迁、不会变异的,当前却处在永恒变动的状态之中;这样的常识是极其错误的。正好相反,至少在我们的意识中,过去是可变的、易变的、不断变化的,这是因为我们回忆过去的经历时往往反复进行新的解释。所以我们说,一个人有多少观点,他就有多少不同的人生经历。我们不断重新解释自己的人生经历。我们召唤一些事件,认为它们极端重要;却把另一些事件打入另册,并逐渐遗忘。

我们有把握设想,这种重塑过去的机制(大约是语言中固有的机制)即使没有类人猿的历史悠久,至少和智人的历史一样悠久,这个机制有助于我们的祖先度过数百万年的漫长岁月;在那段岁月里,除了用手斧来砍砸之外,人类实在难以从事其他的事情。每一次人生仪式都是对历史的解释,每一位有智慧的老人都是关于历史发展的理论家。但是现代社会的独特之处是,这样的重新解释出现的频率高、速度快,许多人的生活中都常常发生这样的事情;在这种重新构建世界的游戏中,你可以选择不同的解释体系,这已经成为越来越普遍的情景。上一章业已指出,地理流动性和社会流动性的加强是重新构建世界的主要原因。再举几例有助于我们进一步阐述这个观点。

通常,运动的人的自我认识也在变化。以住所改变为例,简单的搬迁就可以引起身份和自我形象的惊人变化。有一些地方成了发生这种惊人变化的经典场所,在这些场所发生的变化几乎就像装配线使产品发生变化一样。比如,如果你不了解堪萨斯城(Kansas City),你就无法理解格林威治村(Greenwich Village)。从堪萨斯城形成的初期起,它就成了人们想要改变身份的地方,就像一个社会心理学装置,宛若一个具有魔力的蒸馏瓶,进去时你是规规矩矩的中西部人,出来时就变成了令人讨厌、偏离常规的人。以前妥当的东西成了不妥当的东西,反过来,不合适的东西成了合适的东西。过去禁忌的东西成了社交礼节中的需要,曾经容易理解的东西变得可笑,自己过去的世界成了必须要战胜的世界。显然,在这个变化过程中,个人的阅历经历了新的解释,而且是非常不同的解释。你现在认识到,过去排山倒海的感情剧变,只不过是幼稚的撩拨;在过去的生活中视之为重要的人物只不过是眼界狭隘的乡巴佬,过去引以为自豪的重大事件只不过是个人"史前史"中令人尴尬的过眼烟云。倘若它们和自己现在想要构建的自我形象格格不入,它们甚至会被压抑在记忆的底层。于是乎,代表全班同学发表毕业演讲的灿烂的日子让位于曾经不重要的时刻,那可能是你首次尝

> 堪萨斯城,美国中西部大城市,由传统文化和保守文化重镇变成充满诱惑的现代都市,成为文化巨变的象征。

> 格林威治村,纽约曼哈顿区的一个艺术家聚居地,象征美国现代文化、后现代文化和反文化。堪萨斯城和格林威治村这两个暗喻象征文化的巨变。

试作画的一个夜晚;在教会组织的夏令营里接受基督教信仰的那一天,你记不起了,相反你记住的是另一天;你曾经感到又羞愧又焦虑,因为你在汽车后排失去了童贞,可是你现在却把它当作具有决定性的自我正当化的行为。我们在人生旅程中重新打造记载神圣日子的大事年表,竖立新的路标,拆毁旧的路标,借以标记我们在时间之流里的进步,向着被重新界定的成就迈进。此时此刻,一个道理已然彰显:任何魔力强大的路标都可能被新的牌号取代。你在格林威治村生活的经历后来可能成为人生的另一个阶段、另一场试验,甚至是另一次错误。但在被废弃的年表垃圾堆里,说不定你又能够淘回一些昔日的标记。比如,在你变成天主教教徒后,才充分认识到少时在教会夏令营里入教的经验是第一次探索真理的半信半疑的尝试。你也可能对过去的人生阅历进行彻底的重新排序。比如,接受心理分析后你可能发现:入教、初次的性经验、曾经令你骄傲和羞愧的经历,以及你前前后后对这些经历的解释,只不过是神经质综合征不可分割的一部分而已。如此种种的经历和重构,循环往复,没完没了,令人讨厌。

　　为了避免给上述几个段落涂上一层维多利亚时代小说的色彩,我们尽量少用引号。尽管如此,现在应该清楚了,上文里诸如"实现"和"发现"之类的字眼多少有一点言不由衷。对自己履历的"真正"理解实际上是个人的观点问题。显然,我们的观点是会变化的。所谓"真相"不仅涉及地理问题,而且涉及时间问题。今天的"顿悟"可能会成为明天的"合理化见识",反之亦然。

　　和地理流动一样,社会流动(从一个阶层向另一个阶层的流动)也涉及对人生的重新解释,也产生类似的后果。以自我形象的变化方式为例,在沿着社会阶梯向上攀缘的过程中,人的自我形象随之变化。也许,最令人伤感的变化是他对与之关系最密切的人和事做了重新的解释。比如,你发迹并在郊区安居以后,如果从郊区富人的角度来看问题,和儿时居住的小意大利(Little Italy)相关的一切都发生了恶变。曾是少年时代梦中情人的少女如今成了虽美丽却无知的村妇。童年时代的友情使人烦恼,这会让你想起昔日

> 小意大利,纽约市意大利贫民聚居区。

使人尴尬的自我,而这一自我,连同昔日对荣耀、魔力和街头爱国主义的看法统统被置诸脑后了。妈妈曾经是宇宙运行的轨道,现在却成了傻乎乎的意大利老太太,偶尔,你还不得不装出能够失而复得的样子去安抚她,而这一旧的自我早已不存在了。我们又一次看到,这个景观中的一些要素的历史大概和人类的历史一样悠久,因为童年的结束大概意味着众神的黯然失色。而我们的社会里出现了一些新的情况,许多儿童不仅长大成人,而且在成长的过程中进入了父母完全不懂的社会。这是大规模社会流动必然导致的结果。美国社会所经历的规模巨大的社会流动已经持续了很长时间,许多美国人在漫长的岁月中似乎在不断重新解释自己的背景,不断重述自己的故事(既对自己说,又对别人说),讲述自己过去曾经是什么人以及现在已变成什么人。在这个过程中,他们在心灵的牺牲仪式中谋害了自己的父母。毋庸赘言,"过去曾经是什么人""现在已变成什么人"这两个短语需要加上引号!顺便指出,难怪弗洛伊德心理学中的弑亲神话在美国社会畅行无阻,在新近成为中产阶级的人里尤其是一路畅销。对这些新近发迹的中产阶级而言,如此重写自己的履历是使自己辛苦挣来的社会地位实现合法化的必要条件。

第三章 "补记":选择与生平叙事

上述地理流动和社会流动的例子更加鲜明地说明了生活的变迁过程。社会变化贯穿于整个社会,贯穿于许多不同的社会情景中。忏悔的丈夫重新解释过去的恋情,使之符合自己上升的地位,并最终缔结现在的婚姻;刚离婚的女人从头解释自己的婚姻,认为婚姻的每一步都导致最终的惨败;饶舌成瘾的家伙每一次与别人闲谈时都重新解释他五花八门的人际关系(对B说他和A的关系如何,使B觉得他是自己真正的密友;然后他转向A时,就牺牲了他和B所谓的亲密关系,对A说,B这个人如何如何;如此等等);有人发现自己信赖的朋友搞欺骗,于是就假装他一直对此人满腹疑忌(对自己和他人都假装自己有提防)。在这一切例子中,当事人都在玩弄同样永恒的消遣,都在重写历史,修正自己的命运。但在大多数情况下,重新解释自己的过程都是不完全的,最多只能够达到似醒非醒的半意识状态。你修正的过去仅仅是不得不修正的东西,凡是能够与当前的自我形象契合的经历都会原封不动。人生阅历舞台上这些不断的修正和调整很难得是整合一体的,很少能够被界定为清晰的、始终如一的自我形象。我们大多数人都不会刻意给自己描绘一幅宏大的自画像。相反,我们像醉汉一样趴在自我观念的画布上在这里洒点油彩,在那里又刮掉一点线条;我们从来就没有停下来看看我们描绘的全景。换句话说,我们不妨接受自己创造的自我形象的存在主义观念,但我们要补充一句话:这样的创造过程多半带有偶然性,最多只能达到半知半觉的状态。

然而有些时候,对过去的重新解释是刻意为之的、完全知觉的、思想明确的整体活动的一部分。这种情形发生在人改信新的宗教或世界观时;由于新的宗教或世界观是一个普遍的意义体系,人的生命历程可以安置在这样的意义体系里，因此人重新解释生命历程的举动就成为皈依的一个方面。于是，这个获得新信仰的人就可以理解，他的前半生是在神的指引下向着这个目标前进，于是他的眼前云开雾散，一片光明。这方面的经典表述有圣奥古斯丁（Saint Augustine）的《忏悔录》（Confessions）或红衣主教纽曼（John Henry Newman）的《捍卫生命》（Apologia Pro Vita Sua）。

圣奥古斯丁（354—430），早期基督教神学家和哲学家。

改变信仰必然使人对自己的生平履历进行新的分期，就像公元前和公元、前基督教和基督教、前天主教和天主教这样的分期。而不可避免地，在此标志性事件之前的时期都会被看做准备阶段。过去的先师就会被尊称为先驱和预言家。换句话说，在改变信仰的过程中，过去经历了戏剧性的转换。

禅宗追求的开悟（satori）被描绘为"以新的眼光看万物"。开悟足以说明宗教信仰的改变和神秘体验的变化；另一方面，现代世

约翰·亨利·纽曼（1801—1890），英国高级教士、神学家、牛津运动的创始人之一，后皈依罗马天主教。

第三章 "补记"：选择与生平叙事 ┊ 071

俗信仰也给追随者提供类似的经验。比如，新基督徒会认识到，他过去的生活是一种罪孽，处于疏远神的漫漫长夜中。于是，过去的经验必须被重新解释，要作出重大的修正。结果，过去的关系也必须被重新评估了。

心理分析为许多人提供了类似的方法，让他们去重构自己的人生阅历，并且用一个有意义的方案把破碎的片段组合起来。心理分析法特别适合生活舒适的中产阶级社会，因为中产阶级社会太"成熟"，缺乏宗教或革命所需要的勇敢奉献的精神。心理分析体系细腻而且被视为科学，可以解释人的一切行为，所以它给信奉者提供了一幅可信的肖像，与此同时并不向他们提出道德上的要求，他们也不必掀翻自己的社会经济家当。在对信仰改变的管理上，心理分析显然是技术上的改进，它比基督教等信仰略胜一筹。此外，对过去的解释还以比拟的形式展开。父母、兄弟姊妹、妻儿都被扔进一口观念的大锅里，他们从锅里出来时全都变成了弗洛伊德神殿里的人物。俄狄浦斯（Oedipus）陪母亲伊俄卡斯特（Jocasta）去看电影，并在早餐桌上打量他原初的父亲（Primal Father）。有了心理分析之后，一切经历便各就其位、自有其意义了。

信仰一个能够重组人生历程中零星的数据的意义体系，能够使人获得解放并深感满意。也许，这是人根深蒂固的需要，我们需要井井有条、意向明确、清晰可解的经验结构。然而从另一个方面来看问题，我们又朦朦胧胧地意识到，这样那样的信仰改变未必就是终极的改变，而且当我们意识到人可能会一次又一次改变信仰时，也可能因这样的想法而惊恐万分。这种经历就是所谓的"选择"（颇像人面对无数镜子时的感觉，每一次潜在的改变都是镜中映象的变化），它必然导致晕头转向的感觉，在人生无数相互交叠的视野里,人必然会患上形而上的对陌生环境的恐惧症。倘若我们能够把社会学当作特效药丸来生产,吞下它后能够使这些视野迅速地各得其所,那该是多么令人满意啊;倘如此,我们就能够给他人以希望,使"选择"引起的认识上的焦虑得到缓解,但那只不过是给已有的神话增添一个新篇章而已。事实上,社会学家就其身份而言,不能使人得到这样的拯救(他在职务之外的活动中可能是导师,不过我们不必关心这一点)。他和其他任何人无异,他的处境必然是这样的:他接触的有关万物终极意义的信息是十分稀罕的,且常常明显带有欺骗性,但不会是压倒一切的。他没有使人大开眼界的灵丹妙药可以兜售。实际上,社会学参考框架只不过是另一个解释体系,它可以用来解释人生经验,但也可以被其他试图解释人生阅历的体系取代。

话又说回来,对于在世界观相互竞争的丛莽中觅路的人而言,社会学家能够提供简易而实用的洞见。这个洞见是:相互竞争的世界观全都植根于社会。略微变换一下方式就可以说,每一种世界观都是一种密谋。密谋者构建一种社会情景,使他那种世界观成为此情此景中理所当然的世界观。身处其中的人越来越容易分享其中的基本预设。换句话说,当我们从一种社会情景进入另一种社会情景时,我们的世界观会发生变化(这样我们会对人生阅历进行新的解释)。只有精神失常的人或罕见的天才能够独自一人栖居在一个意义世界里。我们大多数人都从他人处获取意义,并要求他人给予忠实的支持,以便使自己周围的一切意义都令人信服。教会是对经验解释进行强化的机构,使教徒能够彼此强化有意义的解释。披头族(beatnik)必然拥有自己"垮掉的一代"的亚文化,同理,和平主义者、素食主义者和基督教科学派(Christian Scientist)必然拥有自己的亚文化。完全适应环境的、成熟的、走中间道路的、健全而理性的、家住郊区的人也需要栖居在一种独特的社会环境中,这种社会环境赞同并支撑这些人的生活方式。实际上,这句话里的每一个关键词,比如"适应""成熟""健全"等所指的都是相对意义上的社会情景,一旦脱离其他的社会情景,它们都会失去自己的意义。每个人都要适应他身处其中的特有的社会。每个人都在适应社会的过程中成长。只有在分享这个具体的社会里那些认知的和规范的预设时,人才能够成为健全的人。

> 基督教科学派,19世纪下半叶出现的基督教派别,主张信仰疗法。

因此,改变意义体系的人必然会改变社会关系。男人娶女人时,他一定会重新界定自己的身份,他必然要放弃不符合这一自我界定的朋友关系。一位天主教徒娶的妻子不是天主教徒时,就可能会危及他的天主教信仰;同理,如果一个披头族常常和城里的经纪人共进午餐,那就会危及自己的意识形态。意义体系是用社会关系构建的。心理分析师会给他的病人"洗脑",并与病人一同编造出新的生活经历。在这样的情况下,当事人会相信,他正在"发现"有关自己的真相,并且这种真相早在他进行心理分析之前就已经存在。但社会学家对心理分析持怀疑的立场。他们认为,心理分析表面上是发现旧情况,实际上是"发明"新东西。他知道,如此的发明是否看似有道理,和它所处的社会环境是否强大有直接的关系。

在稍后的一章里,我们将要进一步阐述我们的思想和我们与谁共进晚餐之间那种令人烦恼的关系。在这一章里,我们只是尝试说明,对相对性和"选择"的体验不仅是一个普遍的历史现象,而且是每个人生活中真实的生存体验问题。社会学针对这种生存体验的社会根源提出的洞见可能会给我们一丝安慰,有助于我们为令人痛苦的问题寻找一个富有哲理的答案或神学意义上的解答。在这个启示稀缺、令人痛苦的世界里,即使对小小的恩赐,我们也要心存感激。在围绕世界观的大辩论中,社会学提出"谁说的"这样一个恼人的问题,社会学视角引进了少量令人清醒的怀疑要素,这种怀疑态度立竿见影,给人提供保护,使人不至于立即改变自己的信仰。社会学意识的参考框架使人能够以这样的态度去感受自己的经历:人的生活阅历是在若干具体的社会环境里流动的,所有的社会环境都附带着具体的意义体系。这样的社会学意识当然不能够解决何为真理的问题,但它使我们不那么容易掉进人生旅途中遭遇的每一个传教团设置的陷阱。

第四章　社会学视角——人在社会

经典名句

- 大多数时候，在我们上场游戏之前很久，游戏规则就已经"固化"了。大多数时候，我们所能够做的，无非就是投入或多或少的热情而已。
- 制度是一种调控机制，像本能引导动物行为一样疏导人的行为。换句话说，制度提供程序，通过这种程序人的行为模式化，被迫沿着令社会满意的渠道前进。制度的诀窍是使这些渠道看上去是人能够掌握的全部选择。
- 在社会定位上，社会不考虑我们的愿望。我们在精神上对社会规定和禁令的反抗会于事无补，而且常常是徒劳无益的。社会是客观和外在的事实，特别以压制的形式面对我们。社会制度形塑我们的行为，甚至塑造我们的期望。社会制度给我们赏赐，也就是让我们承担任务。如果我们跨越雷池，针对我们的社会控制机制和压制手段几乎是无穷无尽的。

埃米尔·迪尔凯姆(1858—1917),法国社会学家,社会学的三大奠基人之一,代表作有《自杀论》及《社会分工论》等。

到了一定的年纪，儿童总是会对在地图上寻找自己的位置产生浓厚的兴趣。自己熟悉的生活所存在的地点居然可以在地图的表面上找到，实在是有一点儿神奇，因为那只不过是没有个性（而且我们不熟悉）的一套坐标而已。儿童会惊呼"我曾经在那里""今天我在这里"，说明他们非常吃惊。对于去年夏天度假时玩耍的地方，脑子里还有许多鲜明而备感亲切的记忆，比如第一次拥有了一只小狗、悄悄地搜集了一些小虫子；而不认识的人用经纬线绘制的地图居然和自己的小狗、小虫子，甚至和自己都有关系。委婉地说，在陌生人描绘的经纬线上寻找自己的位置或许就是个人成长过程中一个重要的方面。有了一个地址以后，儿童就开始参与成人世界的生活了。一个孩子可能刚刚给他的外公写过信，地址是"我的外公收"，但是稍后他会把外公的具体地址——哪个州、哪座城、哪条街等，告诉搜集小虫子的小伙伴。外公收到了他的信，于是他对成人世界的世界观试探性的忠诚就戏剧性地合法化了。

　　在成长的过程中，儿童不断接受成人世界的世界观，也继续搜集各种"地址"："我6岁了""我叫布朗，和我爸爸一样，我爸爸妈妈离婚了""我是长老会教徒""我是美国人"，最后他也许会这样说："我读的是聪明孩子的快班，因为我的智商是130。"成年人界定的世界眼光是由遥远的地图绘制人笔下的坐标决定的。儿童可以制造一些替换的身份,他在办家家酒的时候可能会自称爸爸或称自己为印第安酋长或戴维·科洛克特(Davy Crockett),但他始终知道,他是在游戏,有关他本人的真实情况是学校注册表上登记的事实。在上面这句话里,我们本来应该给"知道""真实""事实"这些关键词加上引号。我们省略了本该用的引号,这说明我们也陷入了儿童时代的陷阱。智力健全的儿童相信学校的档案记录;正常的成年人生活在给他划定的坐标里。

戴维·科洛克特(1786—1836),美国拓荒者、田纳西州众议院议员,与印第安人和墨西哥人作战,经历富有传奇色彩,死于对墨西哥人的战争。

我们所谓的常识实际上是成人世界里被视为理所当然的观点。常识是学校档案成为存在本体之后的既成事实。成年人理所当然地把自己的存在和社会地图上给他指定的位置画等号。我们将在下一章探讨这样的认知对于个人的身份和思想意味着什么。此刻我们感兴趣的是,这个位置如何告诉个人他能够做什么,他能够指望从生活中得到什么。人在社会里的位置就在特定社会力量的交叉点上。一般地说,如果忽视这些力量,人就要遭遇风险。人只能够在社会仔细界定的权力和威望体系里活动。人一旦知道如何给自己定位,他也就同时意识到,面对自己的命运时,他实在没有多少用武之地。

下层阶级的人所用的代词"他们",活灵活现地表现了他们的意识:自己的生活受制于人。"他们"以某种确定的方式办事,"他们"定调子,"他们"定规则。"他们"这个概念不容易和具体的个体或群体画等号。"他们"是"体制",是陌生人绘制的地图,你不得不在这幅地图上匍匐行进。但如果你在社会地位上升时就认为,"他们"这个观念失去了意义,那就是在用片面的观点看这个"体制"。不错,到了那一步,你有了更大的回旋余地和更大的决策自由,而且事实就是这样的。然而,限制你活动和决策的基本坐标还是别人早已绘制的,而且大多数制图人还是陌生人,其中一些人早已不在人世。即使绝对的独裁者在推行暴政时也时常遭遇到抵抗,未必是遭遇政治抵抗,但必定会遭遇风俗、陈规和积习的抵抗。任何制度都内嵌一个与生俱来的惯性原理,说到底这个原理建立在人类的愚蠢这一顽石之上。暴君发现,即使无人敢于抗命,不太理解命令的现象也会一次又一次地使他的命令失效。局外人编织的社会结构也能够对抗暴政。不过,让我们对暴君问题存而不论。在大多数人栖居的社会层次上,人在社会中的定位构成了我们必须遵守的规则的定义,这里的人当然包括本书作者及其(我大胆地说)大部分读者。

　　我们看到,按照一般人的常识,上文这个观点是可以理解的。社会学家不诘难这样的理解。社会学家加工这个观点,分析其根源,有时则进行修正或发挥。我们稍后将会看到,社会学的视野最终会超越常识对"体制"以及我们被"体制"囚禁的一般理解。但是社会学家分析大多数的社会情景时,找不到理由去反驳"他们"在操控的观点。相反,经过分析之后,"他们"的形象还会被放大,对我们的生活的影响还显得更加广泛,超过了分析之前的想象。让我们审视社会学调查的两个重要领域:社会控制和社会分层。经过这样的审视之后,社会学关于"体制"如何"囚禁"人的视角就可以得到澄清了。

社会控制是社会学最通用的概念之一。它指的是社会迫使桀骜不驯的人回归既定轨道的各种手段。没有社会控制,任何社会都不可能生存。即使一小群偶尔聚会的人也必须要形成一套控制机制,以防止群体在短时间内解体。毋庸赘言,社会控制手段因社会情境而异,且差别很大。在企业里,抗拒既定轨道的行为意味着人事经理所指称的"最后一次谈话"(terminal interview);犯罪团伙把这样的行为叫作"末班车兜风"(terminal automobile ride)。控制方法因群体的宗旨和性质而有所不同。在这两种情况下,控制机制的功能都是清除令人不满意的人员,还有一个功能是"鼓励其他人"[海地国王克里斯托夫(Henri Christophe)的经典用语,他下令将劳改营里的囚徒处死十分之一]。

> 亨利·克里斯托夫(1767—1820),海地革命领袖,推翻法国人的殖民统治,先任总统,继任国王(1811—1820),后因众叛亲离而自杀。

终极的且无疑最古老的社会控制手段是暴力。在野性十足的儿童社会里,暴力仍然是主要的控制手段。但即使在现代民主国家有序运作的社会里,终极的制裁手段也是暴力。如果没有警察或与之对应的武装力量,任何国家都不能够生存。终极的暴力也许不会是频繁使用的手段。诉诸终极暴力之前也许会用数不清的其他步骤,比如警告和谴责。但倘若一切警告都被当作耳边风,即使是交通违规吃罚单这样的小事情,最终也可能导致警察上门铐人并用囚车带走犯人的后果。即使最初开罚单时礼节得体的警察也可能带着武器——以防万一。英格兰的警察一般不佩枪,然而一旦需要,上司也会给他配枪。

西方民主国家的意识形态强调自愿顺从法定的规则,所以始终存在的官方暴力就容易被忽视,于是,了解暴力就显得更加重要。暴力是任何政治秩序的终极基础。普通人依靠社会常识也能够了解这个道理,人们普遍不愿意从刑法里废除死刑,可能就和这个道理有关系(当然,不愿意废除死刑也可能建立在愚蠢、迷信和天生兽性的基础上,法官和大多数公民都难免这样的天性)。即使在废除了死刑的国家里,政治秩序最终也建立在暴力之上,这句话是不会错的。康涅狄格州允许警察在某些情况下使用武器,(令他们非常满意的是)他们可以用电椅行极刑,这为其核心司法体系助了一臂之力;然而罗得岛州的警察和监狱管理者面对同样的情况时,却不能够使用电椅。毋庸赘言,在民主和人道主义意识形态不那么强大的国家里,展示和使用暴力工具就不那么小心翼翼了。

经常使用暴力既不实际,效果也未必好,所以进行社会控制的官方机器多半都依靠对可资利用的暴力手段的威慑作用。由于各种各样的原因,除非是因为遭遇大灾难(比如革命、战败或自然灾害)而处在解体边缘的社会,否则一般都认为,依靠暴力手段的威慑作用是合理的。依靠威慑作用的最重要的原因是,即使在独裁国家和恐怖主义国家,仅仅由于时间的流逝,政府也会被人接受,甚至被认为是可以接受的。我们不可能在这里深入探讨这种现象的社会心理动力学。在民主社会里,大多数人至少倾向于赞同使用暴力手段这一价值观念(这并不是说,这些价值观念一定是好的——比如南方有些地方的大部分白人可能赞同由警方实施暴力以维持种族隔离——但这确实说明，大多数人赞同使用暴力)。在任何运转正常的社会里，暴力的使用都有一定的节制，而且被当作最后的手段，仅靠终极暴力的威慑力就足以维持日常的社会控制。为了强化我们的观点，需要强调的最重要的一点是，假如其他一切强制手段都不能解决问题，官方就可以合法地使用暴力，几乎人人都可能会遭遇这样的局面。

如果我们这样去理解暴力在社会控制中扮演的角色，显然就可以说，大多数时候对大多数人而言，最接近终极压力的手段更为重要。法官和警察想出来的威慑办法都有不约而同的共同之处，略微温和的社会控制手段却种类繁多，可以充分想象。仅次于政治控制和法律控制的大概是经济压力。威胁到生计和利益的手段非常有效，能够与之相比的压力手段非常之少。在我们的社会里，劳资双方都有效地使用经济威胁作为控制手段。不过，在经济实体之外使用的经济控制手段同样有效。大学和教会也使用经济制裁手段，防止所属人员作出被各自领域的当权者视为出轨的事，使人不能超越可以被接受的极限，这些手段十分有效。牧师勾引他的管风琴手未必犯法，但永远无缘牧师职位的威慑可能会使他不至于栽倒在这样的诱惑之下，失去牧师资格的控制手段比坐牢可能会更加有效。倘若一位牧师大胆揭露教会官僚主义想要拼命掩盖的问题，毫无疑问这并不犯法，但终身被贬到一个乡间教区、只拿最低工资的可能性，实在是阻遏他的强大威慑力。自然，这样的手段在经济实体里是比较公开的，但是教会和大学使用经济制裁的终极结果，和商界并没有多大的区别。

生活、工作在小型群体里的人，互相认识，彼此忠诚，互相联结，社会学家把这样的群体称为初级群体(primary group)。在这样的群体里,强大而微妙的控制机制不断地对实际的和潜在的越轨者产生着压力。这些控制机制有规劝、嘲讽、议论和羞辱。研究结果表明,如果群体内的讨论持续了一段时间,个人就会修正自己原来的意见以遵从群体的规范;这一规范相当于群体里所有意见的算术平均值。这个平均值所处的位置显然取决于群体的构造成分。如果二十个食人者和一个反对者辩论,结果可能是反对者表示明白吃人的理由,虽然表示保留意见(比如不吃亲属),以保全面子,但他会转变立场,完全站到大多数人一边。假设是另一种情况,二十个主张食人者展开辩论,其中的十个人认为,60岁以上的人肉太老,不对胃口,而其余的十人更加讲究,他们把分界线划在 50 岁,那么辩论的结果可能是大家最终同意把分界线划在 55 岁,并且以此为标准把俘虏划分为美味和残汤剩水两大类。这就是群体动力学的奥秘。一望而知,求得共识的压力难以避免,深层的奥秘可能是:人极其渴望被群体接受,无论周围的群体是什么样的群体。这种欲望可以被很有效地操纵,众所周知,群体治疗师、蛊惑人心者和其他实施共识工程(consensus engineering)的专门化人才就善于操纵人的欲望。

在各种初级群体里,讥讽和闲话是社会控制的有力工具。许多社会把讥讽用作控制儿童的主要工具——儿童顺从并不是因为害怕惩罚,而是为了不被人讥笑。在美国文化的大背景下,这样的"玩笑"一直被南方黑人用作重要的惩戒手段。大多数人都记得自己置身于滑稽可笑、脊背发凉的社会情境中的时刻。毋庸赘述,闲言碎语在小型社群里特别有效;在这里,大多数人的生活都处在邻居高度的注视和检视之中。在这样的群体里,闲话是重要的传播渠道,对维持社会结构意义重大。任何智力正常的、有传输路径的人都可以有意识地操纵讥讽和闲话。

73　　最后,一个人类社群能够施予其成员的最严厉的惩罚之一是羞辱和放逐。这是原则上反对使用暴力的群体喜欢使用的一种控制机制,想起来真有一点讽刺的味道。例子之一是阿米什人(Amish)里的"群体回避"(shunning)。触犯了群体重要禁忌(比如和外人有染)的人,就会被"回避"。这就是说,虽然允许他继续留下来劳作与生活,但谁也不会和他说话了,难以想象还有比这更加残酷的惩罚。但这就是和平主义者的神奇之处。

> 阿米什人,基督教门诺派教派(Mennonites)最保守的一个宗派,在衣食住行各方面均拒绝现代文明。门诺派教派是16世纪起源于荷兰的基督教新派,反对婴儿洗礼,不服兵役,生活俭朴。

应该强调指出,社会控制常常建立在说假话的基础上,这是社会控制的一个方面。在社会学对人生的理解中,假话具有普遍的意义;稍后我们将进一步阐述这个问题。在这里我们仅仅简单地说,除非我们把作假这个因素纳入考虑的范围,否则社会控制的观念就是不完全的,并且会有一点儿误导的作用。如果一个小男孩有一位大哥哥帮忙,每当需要打架的时候,大哥哥都可以制服他的对手,那么,这个小男孩就可以在相当程度上控制住他的小伙伴。如果没有这样一位大哥哥,他可以编造一位大哥哥。接下来就要看他的公共关系能力了,也就是看他能够在多大程度上把编造的故事转变为实际的控制力。不管怎样,这样的转换肯定是有可能实现的。在上文探讨的各种社会控制里,类似的造假都是可能存在的。在与野蛮、恶意和物质资源的竞争中,智力具有生存的价值,其原因就在这里。我们稍后将再次回到这个问题上。

我们可以想象自己处在一组同心圆的圆心(最大压力点),每一个圆圈代表一个社会控制体系。外圈代表政治和法律体制,你不得不生活在这个体制之下。这个体制和你的意愿相对。它要你纳税、服兵役,要你服从数不清的条例规章;如果需要,它会把你关进大牢;作为最后的手段,它会要你的命。这个体制不断扩张,其威力侵入你生活中可以想象的各个方面,你未必是右翼共和党人,但也难免感到不安。你可以做一个有益的练习,把你在一个星期里和这个政法体系抵牾的事情记录下来,包括把财务方面的问题也记录在案,那将有利于你了解生活在这个圆圈里受到的压力。你可以把你所有因为不服从该体制而受到的罚款和/或监禁加起来,以便了解你遭受的重重压力。顺便指出,如果你设想法制机构常常既腐败又效率低下,你就可以从这样的想象里得到一丝安慰。

向同心圆中间那个孤零零的人施加压力的另一个社会控制体系是道德、风俗和礼节。只有在(当权者认定的)这个体系里看起来最紧迫的威胁才会受到法律的制裁。然而这并不是说,你不讲道德、怪僻或无礼而可以毫发无损。在这一点上,其他一切社会控制工具都在起作用。不讲道德受到的惩罚是丢掉饭碗;怪僻受到的惩罚是失去找新工作的机会;无礼的下场是无人邀请,在尊重礼仪的群体里不受欢迎。表面上看,失业、孤独和被拘相比好像是小小的惩罚,但对当事人而言这样的惩罚实际上并不轻。我们这个社会的控制体制十分严密,对抗社会风尚的极端行为还可能导致另一种后果——人们按照常识说他"有病"。

开明的官僚主义机构(比如基督教新教教会的管理机构)不

再把行为偏离正轨的雇员赶到街上去,而是强制他们接受精神治疗。就这样,越轨的个人(就是没有达到管理层或主教设定的标准的人)仍然受到失业和失去社会关系的威胁,此外,他还可能被打上耻辱的烙印,很可能会与有责任心的人的圈子无缘,除非他能够拿出悔改(幡然悔悟)和顺从(精神治疗有效)的证据。于是,当代许多机构在许多方面推行难以计数的"劝告""指导"和"治疗"计划,这就大大强化了整个社会的控制机制,尤其强化了政法体制中那些神圣不可侵犯的控制机制。

以上的压力系统是人人都要承受的相同的控制机制。此外,个人还受制于其他一些范围比较小的圈子。比如,个人的职业选择(更加准确地说,他凑巧进入的职业)必然使他受制于种种控制,而且常常是严格的控制。正式的控制来自于执照局、行业组织和工会之类的组织,当然还有雇主规定的正式要求。同事和工友强加的非正式控制也同样重要,这一点不言自明,毋庸阐述。所以读者可以自己构想一些非正式控制的例子——医生参加预付款项的全面医疗保险计划,殡葬业主做广告宣传收费不高的葬礼,工程师计算成本时不考虑有计划的报废,牧师说他对他所在的教会的人数多少不感兴趣(或者说对顺从者的多少不感兴趣,教会里几乎所有的牧师都这样说),政府官僚坚持预算有节余,超额完成任务的装配线工人被工友视为是可以接受的等。当然,在所有这些例子中,经济制裁都是最频繁、最有效的控制手段。医生可能发现自己被所有的医院拒之门外,殡葬业者可能会因为"不道德行为"被行业协会开除,工程师、牧师和政府官僚可能不得不"自愿"参加和平队(Peace Corps)(比如到新几内亚去服务,那里尚未实行"有计划的淘汰制",基督徒十分罕见,政府机关相当小且相对合理），装配线工人发现全厂机器零件的次品都堆到了他的工作台上——这一切都是经济制裁手段。然而，社会排斥、鄙视和讥讽也许和经济制裁一样令人难以忍受。社会上的每一个职业角色，哪怕很卑微的职业

> 和平队，美国联邦政府组织，始建于1961年，志愿者被派往国外工作，主要是到发展中国家服务。

角色，都有一个行为准则，这个准则都是难以违抗的。一般地说，对个人的前途而言，服从职业里的行为准则和拥有技术技能或培训经历，是同样重要的。

职业系统里的社会控制非常重要，因为一个人的工作决定着他大半生能够做什么——能够参加什么样的志愿组织，会有什么样的朋友，能够在什么地方居住。然而，除了职业的压力之外，其他社会活动里也存在控制机制，其中许多控制机制不如职业里的社会控制严格，但也有一些更加严格。许多俱乐部和联谊组织的入会标准以及持续成为其会员的标准很严格，就好像决定谁能够成为IBM执行官的标准一样（还好，有时对备受折腾的候选人来说，这些标准并不比IBM更严格）。在门槛稍低的组织里，规则可能会宽松些，很少有人会被扫地出门。然而对长期不顺从本地民俗的人而言，生活是非常不愉快的，他们根本不可能长期参加本地的活动。这一类不成文的行为准则自然各地不同，差异不小，涉及着装、语言、审美趣味、政治或宗教信仰或简单的餐桌礼仪。然而，在一切情况下，它们都构成社会控制的圈子，有效地圈定了个人在特定社会情景中的可能行为。

最后讲私人生活群体里的社会控制系统。所谓私人生活圈子是家人和朋友的圈子。有人认为，这是力量最弱小的社会控制

系统,因为它不拥有其他系统使用的正式的压力手段,这实在是大错特错。个人最重要的社会纽带正是在这个圈子里。亲友圈子里的非难、威信扫地、讥讽或鄙视造成的心理压力大大超过在其他地方遭遇的心理压力。诚然,如果老板的最终结论是你一文不值,那可能是一场经济灾难;但是倘若得出这个结论的是你的妻子,由此而引起的毁灭性心理压力就会无与伦比。况且,亲密群体的控制系统造成的压力可能发生在你最没有心理准备的时候。与在家中相比,在工作岗位上承受压力的时候,你比较容易做好心理准备,容易提高警惕,你可以假装应付裕如、心安理得。当代美国家庭主义(familism)有效地促成了私生活群体里的社会控制;家庭主义的一套价值观强调,家庭是抵御外部世界和个人成就带来的压力的避风港。即使是心理上已经或多或少准备好要在办公室里发难的人,也总是愿意竭尽全力维护家庭生活难得的和谐。最后但并非最不重要的一点是,德国社会学家所谓的"亲密圈子"(sphere of the intimate)里的社会控制总是特别强大,那是由个人履历的构成要素造成的。男人根据他基本的自我界定去物色妻子和好朋友。他依靠最亲密的关系去支持他自我形象中最重要的要素。因此,亲密关系瓦解的风险意味着完全失去自我的风险。许多在办公室里十分霸道的人一见到妻子就百依百顺,一看到朋友发怒就胆战心惊,也就不足为奇了。

如果回头再看站在层层同心圆中央的个人,每一个同心圆代表一个社会控制系统,我们就能够比较好地理解,人置身于社会中意味着处于许多力量的拘束和控制之下。一个人可以想象一下他不得不一个接一个取悦的人,比如从税务局的税务官到他的岳母,他可能得到这样的印象:全社会都压在他的头上。如果是这样,他最好不要把这个念头当作一时的神经错乱。无论如何,无论其他提供咨询的人是否会叫他迅速放弃这个念头,社会学家都可能要强化他这个观念。

社会学分析的另一个重要的领域可以用来解释人在社会里的定位的全部含义,这个领域是社会分层。社会分层的概念指的是,任何社会都分为互相统属和隶属的层次,无论是在权力、权利或声望方面都有分层。更加简单地说,分层的意思是,每一个社会都有一个等级体系。有些层次排位高,有些层次排位低。所有的层次构成一个特定社会的分层体系。

分层理论是社会学思想里最复杂的部分之一。即使最简单地介绍分层理论也非本书之力所能及。我们只能够说,在给个人所处的不同位置进行定位方面,不同社会使用的标准迥然有别;即使在同一社会里,使用迥然不同标准的分层体系也可能同时存在。显而易见,在分层体系中决定个人地位的因素,在传统的印度种姓社会和在现代西方社会里是非常不同的。社会地位给人的三大报偿——权力、特权和声望,在不同的分层体系里,常常不是互相交叠的,而是并行的。在我们的社会里,财富常常通往政治权力,但并非必然如此。而且,有一些大权在握的人拥有的财富并不多。有些活动与声望有关,但它们和经济地位或政治地位未必有丝毫的关系。以上几句话能够使我们在接下来的研究中出言谨慎,我们将要审视社会定位和分层体系有何关系,因为这会影响到人的一生。

当代西方社会最重要的分层是阶级体系。阶级的概念有多种不同的界定方式,在这一点上它和分层理论的大多数概念是一样的。就本书宗旨而言,我们可以把阶级理解为一种分层类型,按照这样的理解,人在社会里的地位基本上是由经济标准决定的。在这样的社会里,人达到的社会地位比他出生时的地位重要(虽然大多数人承认,出生时的门第对后来能够达到的地位产生了很大的影响)。此外,阶级社会的特点是社会流动性比较强。这就是说,社会地位并非固定不变,许多人一生的社会地位是有变化的,好坏起落的变化都有。因此社会地位并非是非常安稳的,于是社会地位的符号就至关重要。换句话说,借用各种符号(比如物品、风度、品位和谈吐、社会交往的类型,甚至是恰到好处的意见),你不断向世人展示你已经达到的地位。社会学家把这种符号称为地位象征(status symbolism),这是社会分层研究关心的重要问题。

马克斯·韦伯用个人一生中有把握实现的预期来给阶级下定义。换句话说,阶级地位生产出某些可能性或机遇,甚至是个人能够预期到的在社会中的命运。人人都承认,用严格的经济标准来说,这个定义有道理。比如,中上层社会一个 25 岁的年轻人的机遇比中下层社会的同龄人好得多,他可能比后者早十年拥有一幢郊区住宅、两辆汽车,还有一幢海滨别墅。这并不是说,后者根本就没有机会拥有这些资产,仅仅是说,他的一切努力都遭遇统计数字方面的障碍。这不足为奇,首先是因为阶级是由经济条件界定的,其次是因为正常的经济运行确保有产者的资产会不断增值。不过,阶级对生命机遇的决定远远超过了经济本身的意义。你的阶级地位决定了你的子女能接受多少教育,决定了你和家人享受什么样的医疗标准,因而决定了你的预期寿命——这是生命机遇的字面意义。在我们的社会里,上层阶级吃得更好,住得更好,受更好的教育,比不那么幸运的同胞的预期寿命更长。

这些现象可能是人尽皆知的常识；然而如果你明白这世界上一个人的年收入和他的预期寿命之间有统计学上的联系，我们这些老生常谈就很有分量了。不过，一个人在阶级体系里所处位置的重要性不止这一点。

在我们的社会里，不同阶级的生活不仅在量上不同，而且在生活方式上也有质的差别。仅仅凭借阶级的两个基本指数，比如收入和职业，即使没有其他的信息，名副其实的社会学家也能够对一个研究对象作出一长串预测。和其他的社会学预测一样，他这些预测也带有统计数字的性质。换句话说，他的预测是或然性表述，有一个误差幅度。尽管如此，这些预测还是相当可靠的。只要掌握了研究对象的这两条信息，社会学家就能够做出一些相当准确的猜测，比如：此人住在哪个城区，住房有多大，他的住宅是何建筑风格，甚至能够大致描述室内如何装修，猜出墙上挂什么画、起居室的书橱里有什么书籍和杂志。此外，社会学家还能够猜测，此人可能喜欢听什么音乐，是到音乐厅去欣赏音乐还是听唱片或收音机。他的预测还可以继续进行下去，比如此人参加什么样的志愿组织，去哪个教堂。他可以估计此人的词汇量大小，爱用什么样的句法规则，使用什么样的其他类型的语言。他可以猜测此人参加什么政治团体，对一些公共问题有什么看法。他可以预测他的研究对象生几个孩子，和妻子做爱时喜欢开灯或关灯。他可以预测，此人可能会生什么病，包括身心两方面的疾病。如上文所述，社会学家能够相当准确地预测此人的寿命。最后必须指出，如果社会学家想要验证这一切猜测并对此人进行访谈，他还能够估计此人拒绝访谈的可能性有多大。

上文提及的许多因素是给定的阶级环境的外部控制机制强加的因素。所以,如果大公司的执行官住在"错误的"地方,娶了"不般配"的妻子,他所受到的修正这两个错误的压力就相当大。如果工人阶级的成员想要进中上阶层的教堂,人家就会用"不容误解"的言辞告诉他,他"在其他地方可能会更快乐"。如果一个中下阶级的孩子对室内乐感兴趣,他就会遭遇强大的压力,要他放弃这种偏离正轨的兴趣,以便更加适合家人和朋友的胃口。不过,在许多情况下,外部控制几乎没有必要,因为这种偏离行为很少发生。面对可能的执行官生涯时,大多数人都会娶"门当户对"〔大卫·里斯曼所谓的"旅行轿车类型"(station-wagon type)〕的妻子,这几乎成了本能的选择。大多数中下阶级的孩子从小就养成了那种环境里特有的音乐兴趣,他们对室内乐的诱惑具有相当大的免疫力。每一种阶级环境都产生不计其数的影响,使人形成具有持续性的人格,这种影响从一个人出生起就开始发生作用,其结果是,有人读到大学毕业,有人进了少年管教所,不同的孩子有不同的命运。当这些影响人格养成的因素没有达到特定的目标时,社会控制机制就要发挥作用。由此可见,在努力弄清阶级影响的分量时,我们不仅在察看社会控制的另一个方面,而且已然管窥到社会影响如何深入到我们的意识里。这是我们将要在下一章探讨的问题。

此刻应该强调指出,上述有关阶级的论述并不是针对我们社会的愤愤不平的控诉。毫无疑问,阶级差别的某些方面是可以用某种社会工程加以修正的,例如教育中的阶级歧视和医疗服务里的阶级不平等。但社会工程不足以改变基本的事实:不同的社会环境对其中的成员施加的压力是不相同的,换句话说,其中一些压力比其他压力更有助于某些人的成功——按照其所处的特定社会的标准界定的成功。我们有理由相信,上文提及的阶级体制的一些基本特征既见于已然工业化的社会,也见于尚在工业化过程中的社会。然而,倘若社会阶层的定位在我们这样相对"开放"的社会里都具有如此深远的影响,那么,在更加"封闭"的社会里,社会定位的影响就更容易看清了。在这里,我们可以再次引证丹尼尔·勒纳对中东传统社会的分析,他的观点给人启示;在这样的社会里,社会定位决定人的身份和期望(甚至是幻想中的期望),这种僵化程度是今天大多数的西方人难以理解的。不过,从勒纳提出的传统社会模型看,工业革命之前的欧洲社会的大部分社会阶层和中东的传统社会并没有很大的差别。在这样的社会里,只需看一看他的社会地位就可以收集到他生存境遇的全部信息;如同只需瞥一眼印度人的额头就可以从他的种姓记号中了解到他的生存境遇。

然而,即使是在好像建立在阶级体系基础之上的美国社会里,也叠加着其他的分层体系,在影响个人终身的命运方面,它们甚至比阶级体系更加僵硬,更加具有决定性意义。在美国社会里,引人注目的例子是种族制度,大多数社会学家把它视为一种种姓制度。在这样的体制下,个人的基本社会地位(他在种姓里被指定的角色)一出生就固定下来了。至少从理论上说,他终生都不可能改变这个地位。一个黑人可能会达到他想要达到的富裕水平,但他仍然是黑人;一个白人可能会在社会道德上堕落到无以复加的地步,可他仍然是白人。个人出生在他的种姓里,他必须终身生活在该种姓圈定的行为举止中。当然,他必须在他那个种姓里结婚、生子。诚然,至少在我们的种族体制里,"欺骗"的可能性是存在的,就是说,肤色较白的黑人可以"冒充"白人,但这样的可能性在矫正种族体制的总体效应方面的作用是微乎其微的。

毋庸赘述,美国种族制度令人压抑的事实众所周知。显然,黑人的社会定位(当然南方更加突出,但北方和南方的差别并不大,事实并不像自诩正义的北方白人吹嘘的那样)暗示:与阶级定位导致的生存可能性相比而言,社会定位的影响范围要狭窄得多。实际上,个人在阶级地位上的流动性多半是由种族定位决定的,因为种族定位给人造成一些最严重的无能为力,在本质上这往往是经济方面的。因此,人的言行举止、思想观念和心理身份在很大程度上也是由种族定位塑造的,且大大超乎一般人的想象;一般人认为,这些东西主要是由阶级决定的。

种族定位的束缚力最纯粹(倘若我们能够用"纯粹"这个形容词,甚至是类似它在化学上的意义来表达这种最令人作呕的现象的话)的形式,表现在南方传统社会的种族礼仪中——两个种姓成员的每一次交往都受到高度程式化的礼仪的约束,所有这些礼仪都是精心设计用来使一方增辉、另一方受辱的。即使最微小的偏离也会使黑人遭受肉体上的惩戒,使白人遭受极端的羞辱。种族的影响远远不只是决定你家住哪里、和谁交往。它还决定你使用的词汇变异形式、手势和体姿,决定你说的笑话,甚至渗透到你如何得救的梦境中。在这样的体制下,社会分层的标准成为形而上的痴迷;以南方淑女为例,她相信,她的厨师必然要走进有色人的天堂。

一个常用的社会学概念是社会情景的定义。社会情景这个术语是美国社会学家威廉·托马斯(William I. Thomas)创造的,其意思是,社会情景是由情景参与者界定的。换句话说,对社会学家而言,现实是一个定义问题。这就是为什么社会学家必须要认真研究人的行为的许多方面,哪怕这些行为本身是荒唐的或虚幻的。在方才提及的种族体制中,生物人类学家或体质人类学家可能会考察南方白人的种族信念,随即就宣告这些信念是完全错误的。他们认为,这是由于人的无知或恶意而产生的又一个神话,于是不再理睬,决定打道回府了。然而,社会学家的工作却刚刚开始。仅仅把南方的种族意识形态斥为科学上的无能,对他来说于事无补。许多社会情景受到无能之辈所做的定义的有效控制。实际上,界定情景的无能之辈正是社会学要分析的对象之一。因此,在社会学家的工作程序中对"现实"的理解有一点特殊,稍后我们将回头再讲这个问题。此刻只需强调指出,社会定位通过对我们施行无情的控制决定我们的生活,仅仅靠揭露支撑这些控制的思想,是不可能扫除这些控制的。

> 威廉·托马斯(1863—1947),美国社会学家,曾任美国社会学会会长,代表作有《性与社会》《社会背景资料汇集》《野蛮社会心理学文献述要》《欧洲和美洲的波兰农民》等。

这不是事情的全部。我们的生活不仅受到当代人愚蠢言行的支配,而且还受到早已作古者愚蠢言行的支配。自出现之日起,每一种愚蠢言行还会随着世代的交替而得到更多人的相信和尊敬。正如阿尔弗雷德·舒茨所云,这意味着,我们所处的每一

丰特奈尔(1657—1757),法国科学作家,曾任法国科学院常务秘书,凭科普创作而闻名。

个社会情景不仅由当代人决定,而且是由先行者预先决定的。你不可能和祖先对话,所以他们构想出来的不太妥当的结构就比当代人构建的思想更加难以摆脱。丰特奈尔(Bernard Le Bovier de Fontenelle)说得好,逝者比生者强大。

强调这一点至关重要,因为它告诉我们,即使在表面上社会容许我们进行选择的领域里,历史的强悍之手还是把我们选择的范围大大压缩了。我们回到上文一对恋人月下喁喁而谈的情景,让我们设想这次幽会具有决定性意义,男子求婚,女子答应。现在我们知道,当代社会对这样的选择施加了诸多限制。对于处于相同社会经济水平的恋人,这些限制都起到很大的促进作用;相反,对于处于不同社会经济水平的恋人,这些限制都成为沉重的拦路石。同样清楚的是,即使活着的"他们"不会有意识地给这出戏的剧中人设置障碍,早已去世的"他们"几乎早已为剧中人的每一步行动写好了剧本。有人认为,性吸引力可以转换为浪漫的爱情,其实这种浪漫爱情是声音喑哑的行吟诗人为了刺激贵族淑女的幻想而编造的故事,那大约是12世纪的故事了。一个男人应该永远专一地把自己的性冲动固定在一个女人身上,这个念头是更早时候的厌世的神学家阐发的;这个女人与他同床共枕,一道沐浴,在千百次共进早餐时彼此交换呆滞的目光。有一个设想是,在这种神奇的安排中,求婚的主动权永远要掌握在男人手中,女人在男人的猛攻之下优雅地屈从。这样的设想可以追溯到史前的野蛮时代,好战的男人袭击平静的母系村寨,掠走惊叫哀号的女儿们,强行把她们拽上婚床。

这些古人决定了我们这一对模范恋人激情发展的基本框架,他们求爱过程中的每一步都已经预定、预制好了,也可以说已经"固定"了。他们应该坠入爱河,应该步入一夫一妻制的婚姻殿堂,女方应该放弃自己的家姓,男方应该耗尽家产;岂止如此,他们要为这场婚恋不惜一切代价,否则相关各方都会觉得不真诚;而且,一旦缔结姻缘,国家和教会都会不安地注视这桩婚姻。早在这桩婚姻中的主人公出生之前的千百年里,这一切基本的预设就已经策划好了。他们求爱过程中的每一步都早已被社会礼仪规定好;即兴的成分有一些,但太多即兴的表现就有坏事的风险。于是,他们的恋情一步步展开,全在预料之中(一位律师称之为"恰当而刻意的速度"):双双看电影、上教堂,看望双方家长,从手拉手到初步尝试安排生活,从安排晚上的活动到商量在郊区买房,到为以后存钱——他们那次月下幽会在这一连串的仪式程序里的定位是恰当的。他们两人都不是这场游戏的创始者,都不能发明其中的任何成分,他们只不过决定玩这场游戏仅限于他们两人之间,而不让其他人参与。至于必要的仪式化问答之后会发生什么事情,他们并没有多少选择的余地。家人、朋友、牧师、珠宝商、保险商、卖花人和装修师将会确保其余的游戏遵守既定的规则。实际上,这些传统监护人也不必对两位游戏的主角施加多大的压力,因为社会对他们的期待早就嵌入了他们对未来的预期中,他们想要的东西正是社会寄望于他们的东西。

如果这就是仪式化行为在人生最深切的关怀里的既定规则,那么显而易见,几乎在人生遭遇的任何社会情景中,情况都是这样。大多数时候,在我们上场游戏之前很久,游戏规则就已经"固化"了。大多数时候,我们所能够做的,无非就是投入或多或少的热情而已。教授上课时在学生面前移步,法官在法庭上宣判裁决,牧师在教堂里连珠炮似地布道,指挥官命令士兵冲锋陷阵——这一切行为都是预定的,范围很受限制。控制和惩罚的威严体系虎视眈眈地捍卫着这些边界。

有了以上思考奠定基础之后,我们对社会结构运转的理解就更加深刻了。另一个有助于深刻理解的社会学概念是"制度"(institution)。一般的定义是:制度是一套特色鲜明的社会行为。因此我们可以说,法律、阶级、婚姻、有组织的宗教构成了制度。这样一个定义并没有告诉我们,制度如何与个人的行为产生联系。当代德国社会科学家阿诺德·盖伦(Arnold Gehlen)为这个问题提供了一个意味深长的答案。他认为,制度是一种调控机制,像本能引导动物行为一样疏导人的行为。换句话说,制度提供程序,通过这种程序人的行为模式化,被迫沿着令社会满意的渠道前进。制度的诀窍是使这些渠道看上去是人能够掌握的全部选择。再举一例。既然猫不用训练就可以追逐老鼠,显然它身上有某种先天的装置(不妨叫本能)要它去追逐。也许猫看见老鼠时,它脑子里有东西催促它:吃!吃!吃!猫并非真的选择要去服从体内这个命令。它仅仅是顺应体内的自然规律,于是它就去追逐那只倒霉的老鼠(我们可以设想,老鼠体内有一个声音在不断重复:跑!跑!跑!)。和月下恋人路德一样,猫别无选择。我们回头看这一对恋人,上文的讨

> 阿诺德·盖伦(1904—1976),德国哲学家、社会理论家,著有《意志自由的理论》《国家与哲学》《科技时代的心灵》等。

论显然缺少同情的口吻。我们的年轻人第一次看到注定要激发他月下求爱(或者如果不是当时就求爱,也是稍后会这样做)行为的姑娘时,路德似乎也听见了从内心发出的清晰的命令。他随后的行为证明这个命令难以抗拒。不过,他内心的命令不是读者可能想象的那种命令,并不是我们这个年轻人与小雄猫、黑猩猩和鳄鱼共享的先天的指令;此刻我们对这种先天的指令不感兴趣。我们关心的指令是敦促他结婚(结婚!结婚!结婚!)的指令。这是因为对年轻人而言,结婚的指令与别的指令不同,它并不是与生俱来的,而是社会向他灌输的,家庭口传故事、道德教育、宗教信仰、大众媒介和广告是数不清的压力,强化了他接受的指令。换句话说,婚姻并非本能,而是制度。然而,婚姻疏导行为使之进入预定轨道的方式和本能主导的方式是非常类似的。

倘若我们想象在没有制度指令的情况下我们这个年轻人会做什么样的事情,两种指令的差别就显而易见了。当然,他可能做的事情几乎是无限的。他可以和那个女孩子发生关系,抛弃她,再也不见她。他可能等她生了第一胎后请她的舅舅抚养孩子。他可能召集三个哥们儿问他们是否愿意同享一位妻子。他可能把她纳入"后宫",让他和"后宫"里的23个女人生活在一起。这就是说,他的性冲动和他对这个女孩子的兴趣可能会使他进退两难。即使我们假设,他学过人类学,知道上述选择在某些人类文化中都是正常的事情,他也难以决定哪一种选择最可取。此时我们可以看到,制度指令对他起什么作用。制度指令保护他,使他免于陷入困境。制度阻拦其他所有的选择,使他倾向于社会为他预定的选择,制度甚至拦截其他所有的选择,使之不能进入他的意识。制度给他提供了一个公式:渴望那位姑娘也就是爱她、娶她。他所需要做的只不过是重走一遍制度为他安排的轨迹。这条路或许很艰难,但这是另一种性质的艰难。一对男女在原始森林的丛莽空地里相遇而不得不探索一条生存之路时,那就是另一种艰难了。换句话说,婚姻制度的作用是疏导年轻人的行为,使之符合特定的类型。社会制度结构给人提供行为的类型。只有在极其罕见的情况下,我们才能够想出新的类型去塑造我们自己。大多数情况下,我们在A和B两种类型之间有最大限度的选择,两种类型都是预先就为我们界定好了的。当然,我们可能会选择当艺术家,而不是做生意。但在两种情况下,我们要遭遇的事情都是预定要遭遇的事情。任何一种生活方式都不是我们自己发明的。

盖伦的制度概念还有一个需要强调的方面是,制度指令表面上看是必须服从的,这是稍后的论述中重要的内容。我们的社会里一般的年轻人不仅拒绝一妻多夫或一夫多妻,而且觉得这样的制度难以想象。他相信,制度预定的行为是他唯一能够接受的行为,从本体论上看这是他唯一能够做的事情。大概可以说,倘若猫可以反省它穷追猛打老鼠的行为,它也会得出相同的结论:这是它唯一能够做的事情。人和猫的不同在于,猫的结论是对的,年轻人的结论是错的。就我们所知,不追老鼠的猫在生物学上发生了畸变,也许是恶性变异的结果,这肯定是背离了猫的本质。但我们很清楚地知道,娶许多妻子或与其他男人共享一个妻子并不是对人性的背叛,在任何生物学意义上说都不是背叛,甚至对男子的性能力也不是背叛。既然从生物学意义上讲,其中一种选择在阿拉伯人身上是可行的,另一种选择在西藏人身上是可行的,那么我们这个年轻人也能够在两种婚姻制度中选择其一。实际上,如果我们这个年轻人在摇篮里的时候就被人夺走,很小的时候就被送到异域的海滨,他长大成人后就不会是那样一个血气方刚、在月光下略带伤感的美国式男孩,他就有可能是阿拉伯半岛上精力旺盛、三妻四妾的男人,也可能是甘愿与其他男子分享一个妻子的男人。换句话说,当他认为自己的行为是别无选择的必然时,他就是在自欺欺人(更加准确地说,他被社会欺骗了)。这就是说,一切制度结构都必然依赖欺骗,社会上的一切存在物都带有一点自欺的成分。这个闪光的洞见乍一看令人十分压抑,但正如我们所见,它实际上使我们管窥到另一个观点:社会的决定力量并不像我们所料的那样强大。

然而此刻,我们通过社会学视角进行的考察得出这样一个结论:社会看起来就像一座庞大的监狱。在童年时代,有一个地址写信就使我们感到满意;长大成人之后我们认识到,大多数邮件并不使人愉快。社会学知识使我们更清楚地认出一切有权骑在我们头上的人,包括在世的和已故的人。

最接近"监狱"观点的社会学方法论和埃米尔·迪尔凯姆及其学派联系在一起。他强调,社会是一种独特的现象,也就是说,社会以宏大的现实面对我们,社会现实不能够被简约为或解释为其他的术语。他接着说,社会事实是"事物",有一个外在于人的客观存在,就像自然现象是客观的存在一样。这个主张的目的主要是保护社会学,使之不被咄咄逼人的心理学吃掉。不过,他这个观点的重大意义超越了方法论的关怀。比如,一个"物体"就像一块巨石,你碰见它时,你可以希望它不存在,你可以想象它是另一种形态,但单凭这一点,你并不能搬走这块巨石。你飞身冲撞也徒劳无益,它抗衡你的一切欲望和希望,它最终可能砸到你的头上,让你死于非命。社会是"事物"的集合就是这个意思。和其他社会制度比较而言,法律更加清楚地显示了社会的这个特性。

如果我们接受迪尔凯姆的观点,那么社会就是横亘在我们面前的客观实在。社会就在那里,不能否认,必须面对。社会外在于我们,包围我们,涵盖我们生活的一切方面。我们生活在社会中,定位于社会体系的某些具体部分。我们的定位几乎预先决定和界定了我们所做的一切:从语言到礼仪,从宗教信仰到自杀的可能性。在社会定位上,社会不考虑我们的愿望。我们在精神上对社会规定和禁令的反抗会于事无补,而且常常是徒劳无益的。社会是客观和外在的事实,特别以压制的形式面对我们。社会制度形塑我们的行为,甚至塑造我们的期望。社会制度给我们赏赐,也就是让我们承担任务。如果我们跨越雷池,针对我们的社会控制机制和压制手段几乎是无穷无尽的。在我们生存的每一刻,社会的制裁都足以孤立我们,嘲笑我们,剥夺我们的生计和自由,其终极手段是剥夺我们的生命。法律和道德为这些惩戒的辩护可以说是滴水不漏的。当我们受到制裁时,如果惩戒我们的原因是我们自己的行为偏离,我们的同胞会表示赞同。最后,我们的社会定位不仅存在于空间里,而且存在于时间里。我们的社会是一个历史实体,在时间上它超越了任何个人的生命历程。社会走在我们身前,存在于我们身后。我们出生之前,社会已然存在,我们去世之后它将继续存在。我们的生命只不过是漫长岁月里社会宏伟征途中短暂的插曲而已。总之,社会是让我们身陷囹圄的历史囚笼。

第五章　社会学视角——社会在人

经典名句

◆ 个人给自己的定位坐落在社会控制的诸多体系里，每一种社会控制体系都含有一个产生身份的设施。只要可能，每个人都会尽力处理好他的社会联系（尤其是亲密的社会联系），以便强化曾经使他满意的身份。

◆ 人的生平就是一系列不间断的舞台表演，面对着不同的观众，有时不得不迅速更换戏装，角色千变万化，但表演者总是要成为他扮演的角色。

◆ 某一思想为社会上的某一既得利益服务时，我们就把这种思想称为意识形态。意识形态经常地，即使不是一贯地、系统地扭曲社会现实，以便插足它能够插足的地方。

◆ 我们受制于社会的枷锁，这个枷锁不是我们被征服后套在我们身上的，而是我们和社会合谋打造的。诚然，有的时候，我们受到社会的压制而被迫屈服。然而大多数时候，我们是被自己身上的社会性推入陷阱的。

查尔斯·霍顿·库利(1864—1929),美国社会学家和社会心理学家,传播学研究的先驱,著有《人性与社会秩序》《社会组织》《社会过程》等。

我们在上一章为读者做了很好的铺垫,使他能够断定,社会学准备接过经济学"令人沮丧的科学"的雅号。我们给读者描绘的社会形象是令人望而生畏的监狱,在这一章里,我们只是要给读者指出几条逃生的隧道,使我们摆脱这种灰暗的决定论。不过,在着手指出逃生之路以前,我们还要再给这个晦暗的形象添上几分晦暗的色调。

迄今为止,我们主要在社会控制系统之下研究社会,我们把个人和社会当作两个对立的实体来研究。我们把社会构想为外部现实,其向个人施加压力和压制。如果不对这个图像加以修正,你就会形成十分错误的印象,就会误解人与社会的实际关系。就是说,你得到的印象可能是:人们总是在竭力挣脱束缚自己的绳索,对控制他们的权力机构,既咬牙切齿地痛恨,又不得不举手投降;他们迫不得已顺从社会控制,害怕不顺从会招来麻烦。然而,社会常识和社会学分析本身都告诉我们,情况并不是这样的。对我们大多数人而言,社会枷锁似乎是容易忍受的。我们为何有这样的感觉呢?当然并不是由于社会权力并不像上一章描绘的那样强大。那么为什么我们没有感受到很大的压力呢?社会学的回答已经在上一章里有所暗示——因为大多数时候,我们的指望正是社会对我们的期望。我们想要服从社会。我们想要得到社会指派给我们的身份和角色。反过来,这种关系之所以可能,并不是由于社会的权力比较小,而是因为社会权力远远大于上文的论述。社会不仅决定我们的所作所为,而且决定我们为何人。换言之,社会定位决定我们的行为举止和社会存在。为了解释社会学视角这个关键的要素,我们将要进一步审视三个研究和阐释的领域:角色理论、知识社会学和参照群体理论。

威廉·詹姆斯(1842—1910),美国哲学家、心理学家、实用主义者、机能心理学创始人。

乔治·赫伯特·米德(1863—1931),美国哲学家、社会心理学家、传播学家,对社会心理学作出巨大贡献,代表作为《心灵、自我与社会》。

角色理论几乎完全是美国思想的产物。其中一些处于萌芽状态的真知灼见滥觞于威廉·詹姆斯(William James),而另外两位美国思想家查尔斯·霍顿·库利(Charles Horton Cooley)和乔治·赫伯特·米德(George Herbert Mead)则是其直系父母。详细介绍这部分令人着迷的思想史的演变过程,不可能是本章的目的,恐怕举其大要也不能尝试。我们将通过考察威廉·托马斯给社会情景下的定义来思考角色理论的重要意义,以便开始更加系统的论述。

读者或许还记得威廉·托马斯对社会情景的理解:社会情景是参与者对某种社会现实达成的一种共识,更加准确地说,社会情景是由参与者界定的。从参与者个人的观点来看问题,他进入的每一个情景对他都有具体的期望,并要求他对这些期望作出回应。正如我们所看到的,几乎一切社会情景都对参与者施加强大的压力,确保参与者作出回应。社会之所以能够存在的原因是,大多数时候、大多数人给最重要的情景下的定义至少是大致重合的。比如,本书的出版商和作者的动机可能会相当不同,但双方对本书生产过程情景的界定却十分相似,足以使双方联手合作。与此相似,课堂上学生们的兴趣也许会分歧多样,有些甚至与教育活动风马牛不相及,然而在大多数情况下,这些兴趣(比如一个学生选一门课仅仅是因为老师开了这门课,另一个学生干脆注册他正在追求的红发女郎选定了的全部课程)可以在同一情景中和平共处、相安无事。换句话说,从社会学的观点来看问题,满足社会情景的期待、使之能够成立时,参与者作出回应时便有一些回旋的余地。当然,倘若参与者对情景作出的界定分歧太大,某种形式的社会冲突或组织瓦解就是必然的后果。比如,如果有些学生把课堂解释为派对聚会,如果作者的意向不是出书,他签约的目的是为了利用一位出版商向另一位出版商施压,那么,社会冲突或组织瓦解就必然会发生。

在社会生活的不同领域里,个人要面对的期待是截然不同的,不过,产生这些期待的情景可以被分为一些小的类别。一个学生可能在两个不同的系选修两位教授的两门课,这两种情景对他的期待有相当大的差别(比如师生关系有正式或非正式的区别)。然而,这两种情景比较接近,它们和该生此前经历的课堂教学情景也有相似之处,所以他能够把基本相同的回应迁移进新的课堂。换句话说,在这两种情况下,他都能够扮演学生的角色,只是需要略加调整而已。由此看来,我们可以这样给角色下定义:角色是对典型期待的典型回应。社会已经给角色的类型做了基本的划分。角色的概念是从戏剧演绎出来的;借用戏剧语言我们就可以说,社会为一切剧中人提供剧本。因此,演员进入被指派的角色之后,大幕随即就拉开了。只要他们扮演好剧本提供的角色,社会这出大戏是可以按计划上演的。

角色提供模式,个人则根据这一模式在具体的情景中演出。社会里的角色和戏剧里的角色一样,它们给演员提供的说明词随情景而变化。以职业角色为例,清洁工的角色只有一个有着最低限度的要求的模式,相反,医生、神职人员和军官却必须要学会各种特色鲜明的风度、语言习惯和体态习惯,比如军人的体姿和步态、神职人员满怀虔敬的语言或医生在病床跟前的乐观情绪。然而,如果你认为角色仅仅是外部可见行为的调节模式,那就错失了角色基本的一面。你接吻时会觉得更加充满激情,下跪时会觉得更加谦恭,挥舞拳头时会觉得更加气愤。换句话说,接吻不仅表达激情,而且制造激情。角色既携带着行为又携带着与之共生的情感和态度。端着博学架子的教授会相信自己真的博学;布道者会相信自己布道的内容;士兵穿上军装时会充满战斗的激情。在每一种情况下,虽然情感和态度在角色扮演之前就可能存在,但角色扮演必然会使之更加强烈。在许多情况下,我们有一切理由假设,在行为者的意识里,在扮演角色之前,相关的情感和信念是不存在的。换句话说,你被委任教授的角色后你就博学了,参与信仰活动后你就相信其中的信仰了,在士兵队列里行进时就要准备战斗了。

试举一例。新近晋升的军官,尤其是从新兵开始逐级晋升的军官,当他在路上遇见新兵向他敬礼时,起初至少会有一点儿难为情。也许,他会以友好或几乎带有一丝抱歉的方式作为回应。军服上的新徽章此刻仍然是刚刚戴上的标记而已,宛若一种伪装。事实上,新军官甚至会对自己和他人说,在新军装之下,他还是原来那个大兵,他只不过是承担了新的责任(其中之一就是接受新兵的敬礼)而已。但这种态度不可能维持很长时间。为了扮演这个新的角色,这位军官必须维持军官的风度。这种风度中隐含的命题是十分明确的。在所谓的民主军队比如美国军队里,有许多习惯性的含糊其辞的说法。尽管如此,一个基本的隐含命题是,军官的地位高,有资格享受按照军阶应该得到的服从和尊敬。下级的军礼是服从的行为,上级接受军礼并回礼是天经地义的事情。于是,随着每一次你来我往的敬礼、回礼(当然同时还有很多其他强化他的新地位的仪礼),这位军官的风度就得到了加强,正如其本体论预设得到了加强一样。他不仅言谈举止像军官,他的自我感觉也是军官了。起初不自在的感觉、抱歉的态度一去不复返,我"只不过是像你一样的大兵"那种腼腆的笑容也消失得无影无踪了。此后,倘若有一个新兵的敬礼不够热情,倘若他鬼使神差地忘了给长官敬礼,我们的军官就不仅要整肃军纪了,他的每一个细胞、每一根神经都要驱使他去矫正大兵对他被委任的军阶的冒犯。

在这个例子里,有一点需要强调且至关重要:在这位新军官角色变化的过程中,他的言行举止并非刻意为之,亦非深思熟虑。

第五章 社会学视角——社会在人

他并没有坐下来仔细思考将要进入这个新角色的一切事物,包括他应该感觉到和相信的东西。推动这个角色转换的力量恰好来自于这一力量本身具有的无意识的、不假思索的性质。他成为军官的过程并不费力,就像他成长为有着蓝色眼睛和褐色头发、身高 6 英尺的男子一样。如果要说这样的军官相当愚蠢,他在军人中是个例外,那也不对。相反,思考自己的角色和角色变化的军官才是例外(顺便指出,这种人恐怕当不好军官)。面对自己扮演的社会角色抱有疑虑的人,即使非常聪明,也会更多地投入他心存疑问的活动,而不是独自一人去沉思。怀疑自己信仰的神学家会更加频繁地祈祷,更加频繁地上教堂;因恶性竞争而内心不安的商人连礼拜天也要去办公室上班;晚上做噩梦的恐怖分子会志愿在晚间去执行任务。当然,他们采取这样的行动是完全正确的。每一个角色都有其内在的修炼过程,这是天主教修士所谓的"养成"(formation)。角色的作用是形成、形塑和模塑行为和行为者。在这个世界上,装腔作势是非常困难的。一般地说,你会成为你扮演的角色。

每一个社会角色都附带着某种身份。我们已经看到,有一些身份是微不足道的、暂时的身份,不需要做什么调整就能够适应的职业身份就是这样的身份。从收集垃圾到晚上值班的身份改变就不困难,从教士改行当军官却相当困难,从黑人变白人就非常非常困难,从男人变女人更是接近于不可能。这些角色变更的难易程度不应该使我们看不见这样的事实:即使我们认为是基本自我的身份实际上也是社会指派的。种族角色是后天获得的,与角色同时获得的还有身份;同理,性别角色和性别身份也是后天获得的。如果你说"我是男人",那就等于宣告自己的角色是男人,那和自我介绍"我是美军上校"时在宣告自己的角色一样。我们很清楚地意识到,某某生下来就是男性;但即使最不苟言笑、绝对服从的人也不会想象他出生时有一只金雕坐在他的脐带上。不过,生物学意义上的男儿身是一种角色,"我是男人"这句话派定的却是另一种角色,两者相差十万八千里,"我是男人"表示的角色是具体的、社会界定的(当然也具有社会相对性)角色。小男孩不必学习也会使"小鸡鸡"勃起。然而,他的冲劲要靠学习,雄心要靠学习,他的竞争精神要靠后天的学习,他对自己身上过多温顺的怀疑也要靠后天的学习。男性在社会里扮演的角色要求男性具有这些品质,它们是后天获取的,正如男性身份是后天获取的一样。"小鸡鸡"的勃起不足以说明男性气质;倘若这样的生理反应足以说明男子气,大批的心理治疗师就要失业了。

我们可以对角色理论的重要性做这样的小结:从社会学的视角看,身份是社会赋予,并由社会支撑和转换的。上文里普通男人变成军官的例子足以说明,身份是成年生活赋予的。有些角色是心理学家所谓的人格的最基本的成分;然而,和那些由具体的成人活动赋予的角色一样,作为人格成分的角色也是在社会过程中获得的。有关社会化过程的研究已经反复证明了这一点——社会化过程是儿童学习成为社会成员的过程。

也许,对社会化过程描述得最为深刻的理论是由乔治·赫伯特·米德提出的。他认为,自我的生成与发现社会是同一过程。儿童发现社会是什么,同时也就发现了他自己是谁。通过学习,他学会正确地扮演他的角色,即米德所云"承担他人的角色"(to take the role of the other)。顺便指出,这就是游戏具有的关键的社会心理功能。在游戏的过程中,儿童戴上各种社会角色的面具,发现分派给他的角色用意何在。这种学习是在他和他人互动的过程中产生的,也只能在这个过程中产生。所谓的他人是父母或其他养育人。首先,儿童扮演和他人相对的角色,这里的他人是米德所谓的"重要的他人"(significant others)。这些人和他关系亲密,他们的态度对他自我观念的形成具有决定性的作用。稍后,儿童认识到,他扮演的角色不仅和那个与其关系亲密的圈子有关系,而且和指向他的大范围的社会期待有关系。这是一个更高抽象层次的社会回应,米德称之为"泛化的他人"(generalized other)。换句话说,不仅他的母亲希望他善良、纯洁、诚实,而且社会总体上来说也期望他成为这样的人。只有在社会的一般观念形成之后,儿童才能够形成清晰的自我观念。在儿童的经历中,"自我"和"社会"是同一枚硬币的两面。

换言之,身份并不是"与生俱来"的,而是靠他人的社会承认行为赋予的。我们成为"他人"所称呼的人。查尔斯·库利表达了同样的意思,他把自我描绘为镜像,这个镜像论广为人知。当然这并不是说,个人没有与生俱来的特征,与生俱来的特征由基因遗传,和社会环境没有关系,虽然这些特征是在社会环境中逐渐展开的。我们关于人的生物学知识尚不足以让我们明确知道这种说法在多大程度上是正确的。不过我们的确知道,自我镜像的养成在基因限制的情况下还是有很大的活动余地。这些生物学问题尚无定论,即便如此,我们仍然可以说,人之为人就是被"他人"承认是人,同理,成为某种人就是被"他人"承认为某种人。被剥夺了人类温情和关照的儿童会失去人性;受尊敬的儿童能学会自尊;被视为愚笨的儿童真会成为笨手笨脚的人;同理,被奉为令人敬畏的战神的年轻人就可能自认为是这样的英雄,他的行为举止要符合这一形象的期待。实际上,他的身份将要和人们期待之中的形象合而为一。

身份是社会赋予的,必须靠社会来维持,并且是以一种相当稳定的方式来维持。独自一人不可能成为"人",仅靠自己的努力显然不可能坚守一个具体的身份。军官的自我形象只能够在社会语境中来维持,条件是他人愿意承认他这个身份。倘若他人突然收回对他的承认,他的自我形象不久就会土崩瓦解。

社会突然收回承认的例子,向我们透露了大量的信息,说明了身份的社会性。比如,一夜之间从自由公民变为犯罪分子的人,立刻发现自己面对强大的攻势,他过去的自我形象受到很大的冲击。他拼命拽住过去的自我形象,但如果周围的人不承认他这个身份,他就不可能在自己的意识里维持这个形象。他发现,自己的行为正在按照人们对罪犯的指望发生变化,他对一切事物的体会也在按照人们对罪犯的指望发生变化,而且其变化速度之快令他感到恐惧。如果仅仅把这个过程当作人格的瓦解,那是令人误入歧途的视角。看待这一现象的更加准确的方式是,这个过程是人格重新整合的过程;从社会心理动力学的角度看,它和旧身份的整合过程没有区别。判刑之前,他被周围重要的人当作负责任的、有尊严的、体贴入微的、审美观点非常挑剔的人,因此,他能够做符合这个身份的一切事情。如今,牢房割断了他和这些人的联系,而正是这些人的认可使他维持着对上述特征的展示。相反,现在他周围的人认为,他不负责任、贪婪肮脏、自私自利、蓬头垢面,除非有人时常监督强制他,否则他是不守规矩的。社会对罪犯角色的新期待有这样的典型表现:新角色对社会期待的回应被整合进一个新的行为模式,和旧角色被整合进旧模式是一样的。在新、旧两种情况下,他的身份都在行为举止中诞生,他的行为举止是他对具体社会情景的回应。

在极端的例子里,个人突然被剥夺原有的身份,这种例子更加尖锐地凸显了平常生活里身份变化的过程。在日常生活里,我们处在被人承认和不被人承认的复杂网络中。上司鼓励时我们干得更好。如果周围的人认为我们笨手笨脚,我们就很难做到不笨手笨脚。人们指望我们有趣时,我们就变得才思敏捷;人们指望我们幽默时,我们就变得风趣幽默。我们在知性、幽默、手艺、宗教虔诚甚至性能力方面对社会的回应都相当于别人对我们的期待。用这些例子来观照,上文提及的一个过程就容易理解了:个人挑选的伙伴反过来维持他对自我的解释。要而言之,每一次建立社会联系的行为都涉及对身份的选择。反过来,每一个社会身份的存在都需要特定的社会关系来维持。羽毛相同的鸟儿一道飞,并不是为了展示华丽的羽毛,而是出于必然的需要;有知识的人被军队绑架之后就会变得粗鲁;神学院的学生在接受神职的典礼举行前夕会逐渐失去幽默感;因打破了所有的生产纪录而被授予奖章的工人发现,他会破更多的纪录;年轻人发现,当一个女孩把自己当作乔凡尼(Don Giovanni)的化身时,他会担心自己的性能力太差,并因而辗转反侧、夜不能寐。

> 乔凡尼,莫扎特的歌剧《唐璜》里风流倜傥的主人公。

如果将以上所论与上一章的论述联系起来考虑,我们就可以说,个人给自己的定位坐落在社会控制的诸多体系里,每一种社会控制体系都含有一个产生身份的设施。只要可能,每个人都会尽力处理好他的社会联系(尤其是亲密的社会联系),以便强化曾经使他满意的身份。娶一位认为他善于辞令的姑娘、挑选一些认为他有趣的朋友、选择在他人心目中有出息的职业,这些都是他可以操纵的社会关系。当然在很多情况下,这样的操纵是不可能的。你不得不接受分派给你的身份,并在这一范围内尽力而为。

关于身份性质的社会学视角使我们深入理解偏见的意义。于是我们就得到一个令人心寒的感觉:偏见这种预先的判断不仅和受害者的外在命运有关系,这一命运掌握在压迫者手中;而且和受害者的内在意识有关系,这一意识由压迫者的期望所塑造。偏见最可怕的影响是,它使受害者成为偏见给他塑造的形象。在反犹环境中生活的犹太人必须要苦苦挣扎,才不至于越来越像反犹者刻板印象中的那种犹太人;同理,在种族主义环境中生活的黑人也必须要这样苦苦挣扎。耐人寻味的是,这样的挣扎只有一丝成功的机会。只有当他周围的人给他提供抗衡偏见的保护时,他才不至于被偏见给他描绘的刻板印象压垮。外族可能会把他当作另一个一钱不值、卑鄙低贱的犹太人,因而鄙视他;不过有一个机制能够帮助他抗衡外族不承认他的价值的偏见。犹太人群体内部有许多这样的抗衡机制,比如,拉脱维亚地区最伟大的研究《塔木德经》(Talmud)的学者就提供了这样的抗衡机制。

> 《塔木德经》,犹太法典,古代拉比著作的合集,为犹太人中仅次于《圣经》的经典。

"犹太身份"这一问题出现在现代西方犹太人中间。当犹太人开始同化于周围的非犹太人时,犹太社区的力量被削弱了,赋予其成员变化了的身份,与反犹主义指派给他们的身份相抵触。考虑到这个关于承认的问题的社会心理动力学的致命博弈,这些现象就不让人觉得奇怪了。正如被迫用一面哈哈镜看自己时看到了面目狰狞的怪物一样,此时的照镜人不得不拼命寻找提供普通镜子的人,除非他想要忘记自己曾经拥有的那一张面孔。略微变换一下措辞我们就可以说,人是否享有尊严是一个社会是否允许他享有尊严的问题。

社会与个人身份的关系还见于个人身份急遽变化的情况里,身份发生急遽变化有这样那样的原因。与身份的产生和维持一样,身份的变化也是一个社会过程。上文已经指出,个人对过去的经历进行重新解释,从一个自我形象转向另一个自我形象时做出"选择",都需要一群人共同参与,否则这些转变是不可能发生的。人类学家所谓的过渡礼仪(rites of passage)就意味着,人放弃原有的身份(如儿童身份),于是新身份(如成年身份)由此发端。不过,现代社会使过渡礼仪更加平缓。以订婚仪式为例,有关人士以舒缓的动作引导订婚人从单身的自由身份越过一道门槛,跨入被婚姻囚禁的身份。如果没有这个许多人共谋的制度,许多当事人面对即将承担的大量工作时,可能会在最后一刻感到惊恐。

此外,我们还在上文中看到,宗教训练或心理分析等结构紧密的情景里的"选择"机制是如何改变个人身份的。再以心理分析为例,在这个严密的社会情景里,分析师引导当事人放弃过去的自我概念,让他接受新的身份,这个新身份是心理分析的意识形态为他编制好的身份。心理分析师有一个术语叫"移情"(transference),这是分析师和患者之间深厚的社会关系。归根到底,"移情"是创造一种人为的社会情景,身份转换的"炼丹术"在此发挥作用,换句话说,在这种社会情景中,这种神奇的变化让患者觉得身份转换是真实的。双方的关系越持久、越深厚,患者越是坚守自己的新身份。最后,等到他被"治愈"之后,他就以这个新身份存在了。心理分析师宣称,如果患者经常接受治疗,长期接受治疗,支付大笔治疗费,他们的治疗就更加有效。我们不能够简单地对此嗤之以鼻。显然,坚守这样的立场符合分析师的经济利益,但从社会学的角度看问题,这一立场事实上是正确的,且确实有道理。心理分析的"作为"实际上是建立一个新的身份。病人投入的时间越长,程度越深,越是苦心经营新身份的构建,他对这个新身份的执着就越是强烈。等到他投入几年的人生时间、花掉了大笔血汗钱之后,他把整个的治疗过程当作骗局来拒绝的可能性就微乎其微了,这一点是毫无疑问的。

"群体治疗"的情景类似于"炼丹术"发挥作用的环境。近来,这种治疗在美国精神治疗领域很流行,我们同样不能够用简单的经济原理去加以解释。群体压力使人接受呈现给他的镜像,且效果明显;在正确理解群体压力这一点上,精神治疗深得其妙,且有它的社会学基础。当代社会学家欧文·戈夫曼(Erving Goffman)生动地描绘了群体压力在精神病院里生效的情况,其最终结果是:面对精神治疗,病人"和盘托出"自己的生存境遇,这就是群体性"治疗"普遍的参考框架。

每当群体要被"瓦解"、其成员要接受别人给自己下的新定义时,同样的机制就起作用。军队对新兵的基本训练是这样,对职业军人的训练强度尤其大,如同在军校里那样;在为极权组织灌输教义、培养干部的"养成教育"里,也出现这样的局面,纳粹冲锋队就是这样被培训的;千百年来修道院僧侣的见习期就是这样度过的;在极权主义的秘密警察组织里,针对囚犯的"洗脑"就用了这样的技巧,且达到了科学上的精密程度。和日常的社会启蒙训练相比,上述程序中有暴力的成分,这可以从社会学的角度去解释。上述极端的训练谋求的是急遽的身份转化,转化之后的身份必须要能够防止新的"身份交替",从功能上来看,这是必要条件。

角色理论被穷追到其逻辑结论之后,其功能就很多样了,它绝不仅仅是描绘各种社会活动的言简意赅的方便表述。它给我们提供的是一种社会学式的人类学,换句话说,角色理论提供的有关人的观点是基于人的社会存在的观点。这个观点告诉我们,人在社会的宏大戏剧中扮演着许多角色;从社会学的视角来观照,人就是他必须要戴上的各种面具。人在戏剧的语境中登场,"人"(person)一词源于戏剧里的角色(*persona*,一个术语,即古典戏剧里演员戴的面具)。按照这个观点,人是由所有角色组成的常备剧目,每一个角色都带有一个身份。一个人的活动范围可以由他能够扮演的角色的多少来决定。看起来,人的生平就是一系列不间断的舞台表演,面对着不同的观众,有时不得不迅速更换戏装,角色千变万化,但表演者总是要成为他扮演的角色。

社会学的这种人格观点对我们通常构想自我的方式提出挑战,这个挑战的严峻程度远远超过大多数心理学理论提出的挑战。它向我们最钟情的有关自我的一个预设提出严峻挑战,即对自我的连续性提出挑战。从社会学的角度来看问题,自我不再是铁板一块,不再是从一个情景过渡到另一个情景的既定实体。更加准确地说,自我是一个过程,不断被创造和再创造的过程,人进入每一个社会情景时自我都要发生变化,自我靠纤细的记忆之绳串联在一起。在上文探讨的重新解释过去的经历的文字里,我们已经看到,这根绳子是多么的纤细。根据这个理解框架,自我不可能在无意识里寻求庇护所,无意识并不包含自我的"真实"内容,这是因为无意识自我同样受制于社会生产,在这一点上,无意识自我和有意识自我没有差别。我们已经在上文的探讨中明白了这个道理。换句话说,人并不是和其他社会存在相同的社会存在。人的存在的每一个方面都具有社会性,而且每一个方面都是向经验研究开放的。让我们继续从社会学的角度来看问题。如果你想要问,在这种角色和身份的万花筒里,个人"究竟"是什么,你的唯一回答是列举他所处的社会情景;在一些情景中,他是一种样子,在另一些情景中,他却是另一种样子。

显然,这样的转换不可能无休止地发生,有些转换比其他转换要容易一些。个人可能非常习惯于某些身份,以至于即使社会情景变化之后,他也难以跟上社会对他提出的新期待。身体健康、生活积极的人被迫退休以后,很难适应新的生活,就可以证明这一点。自我的可转换性不仅依靠社会语境,而且取决于个人对过去身份的习惯程度,或许还取决于某种程度的基因特质。我们这个模式需要一些微调,以避免极端的立场;即便如此,我们的微调也不会损害社会学分析揭示的自我的非连续性。

这个人类学模式未必能够给人以很大的启示。如果说它使人想起什么模式,这个模式就是印度早期佛学心理学使用的模式。这个佛学模式把自我比喻为长长的一排蜡烛,每一根蜡烛点燃下一根蜡烛,并随即熄灭。佛教心理学家用这个图像去批评印度教灵魂转世的观念,借以说明:从一根蜡烛向下一根蜡烛过渡时,不存在任何实体。这个图像非常适合我们这里推出的人类学模式。

从以上文字你可能得到这样的印象:在大多数人和精神治疗领域受所谓"多重人格"困扰的人之间,并不存在根本的区别。倘若有人想要在"根本"这个字眼上多做文章,社会学家可能会同意他的表述。不过,两种人真正的区别在于,对"正常"人(那些被社会认为正常的人)而言,强大的压力迫使他们始终如一,在他们扮演的角色和与这些角色相伴的身份中保持始终如一的连续性。这些压力既来自于外部也来自于内部。从外部压力来看,你的社会角色要得到游戏同伴的承认,按照他们的要求,你至少要向世人表现出相当一致的形象。某种程度的角色差异固然是被允许的,但如果差异超越了容忍的极限,社会就要收回对一个人的承认,就会把他说成是偏离道德规范的人或心理失常的人。于是,社会允许某个人在工作时当"皇帝"、在家里当奴隶,然而社会决不允许他假扮警官,也不允许他穿异性的服装。为了在他的面具范围内不出轨,这个人也许不得不诉诸复杂的策略手段,以便确保他多重角色之间的分离。如果一个人的妻子突然在他召开董事会时露面,他在办公室里的帝王角色就会处在危险之中;如果一个外人进入某一个圈子时一开口就说错话,在这个圈子里被视为健谈者的人就会受到这个外来者的威胁。在当代都市文明的环境里,这种角色分离的可能性正在增强,因为人们彼此并不认识,而且交通工具又非常便捷。当然都市文明里也存在危险,具有截然不同自我形象的人也可能突然遭遇并对彼此的整个舞台角色管理构成威胁。妻子和秘书可能碰巧一道喝咖啡,于是家庭的自我和办公室的自我就陷入可怜巴巴、支离破碎的境地。到了这个地步,如果再要复原支离破碎的角色和身份,"皇帝"就需要请教心理治疗师了。

要求整体形象保持一致的内部压力也是存在的,这些压力的基础大概是深刻的心理需求,人总是需要感觉自己是一个整体。当代都市里的面具人可能会在不同的生活领域里扮演彼此难以调和的角色。他们仔细分隔不同的社会环境,借此成功地控制外部压力。尽管如此,他们还是感觉到来自内部的压力。为了避免这样的焦虑,人们常常把自己的意识和行为分隔开来。这并不是说,他们把自己不同的身份"压制"到无意识里去,因为在我们推出的社会学模式里,我们有充分的理由怀疑这样的观念。我们的意思是,人们只集中注意某一个具体的身份,可以说,那是他某时某刻特别需要的身份。在这个具体的行为进行的过程中,他的其他身份被遗忘了。社会不赞同的性行为或道德上成问题的行为在人的意识里是被分隔出来的,这些行为被隔离的方式可以用来说明这一过程。搞同性恋受虐游戏的人有一个仔细构建的身份,这个身份只用于同性恋的场合。一旦同性恋行为结束,他仿佛立即把这个身份堵在了门口;一回到家,他就成了慈祥的父亲、负责任的丈夫,或许还是激情如火的丈夫。同理,判处疑犯死刑的法官把法官的身份和他意识里的其他身份隔离开来。在其他的身份里,他是仁慈、宽容和感情细腻的人。纳粹集中营的司令官给孩子的家信慈祥、感伤,这是随时随地可能在社会里发生的又一个极端的例子。

倘若读者认为,在我们描绘的社会图像里,人人都在动心计、搞阴谋并刻意伪装去欺骗别人,那就完全误解了我们所说的意思。刚好相反,角色扮演和身份构建过程一般是不假思索、没有计划的,几乎是自动的。正如方才所述,自我形象始终如一的心理需求能够确保角色扮演和身份构建的性质。故意的欺骗要求一定程度的心理上的自我控制,但很少有人能够控制自己的心理。不诚实的现象十分罕见,其原因就在这里。大多数人都是诚实的,因为这是心理上最容易遵循的路子。换句话说,人们相信自己的行为,容易忘记在此之前的行为,相信自己对于生活各方面的要求都是负责任的,并因此而愉快地生活。诚实是人的意识,但人却会被自己的行为所蒙蔽。借用大卫·里斯曼的话说,诚实的人相信自己的宣传。以上文讨论过的社会心理动力学的观点来看,纳粹杀人犯在描绘自我形象时的供词还是诚实的,他们说自己是官僚,实际上面对让人反感的紧急情况时,心里也觉得厌恶;而我们则觉得,他们的托词仅仅是为了博取法官的同情。他们富有人情味的忏悔或许和他们过去的残暴同样诚实。正如澳大利亚小说家罗伯特·穆齐尔(Robert Musil)所云,每一个杀人犯的内心深处都有一方小天地,在那里他永远是无辜的。生活的四季交替运行,你必须要像更换衣服一样更换你的外貌。此刻我们关注的不是这一类"个性缺乏"(lack of character)的心理困境或伦理意义。我们只想强调指出,这就是习惯性的心理程序。

为了把刚才所讲的角色理论和上一章所讲的控制系统结合起来,我们将参考汉斯·戈特(Hans H. Gerth)和赖特·米尔斯(C. Wright Mills)所谓的"人员选择"(person selection)。每一个社会结构都要挑选维持其运转所需要的人,而且要以这样那样的方式淘汰不适合的人。倘若没有合适的人可供挑选,社会就不得不"发明"这样的人选——更加准确地说,社会要根据具体的需要去生产这样的人选。就这样,

> 汉斯·戈特(1908—1978),德裔美国社会学家,将大量艰深的马克斯·韦伯德文著作译介给英语世界的读者。

通过社会化和"养成"的机制,社会"制造"出维持其运行的人。一般人认为,因为有了什么人,所以才产生什么样的制度。社会学家把这个观点颠倒过来。事实正好相反,勇士之所以出现,那是因为军队出征;虔诚的教徒之所以出现,那是因为修建了教堂;学者之所以出现,那是因为大学需要学者;杀人犯之所以出现,那是因为有杀戮需要他去完成。每一个社会都得到了它应该得到的人

> 赖特·米尔斯(1916—1962),美国社会学家,文化批判主义的代表人物之一,继承了马克思和韦伯的传统,深刻分析了当时美国社会的阶级、政治和权力结构,代表性作品有《性格与社会结构》《白领:美国中产阶级》《权力精英》《社会学的想象力》等。

员——这样的说法是不正确的。恰当的说法是,每一个社会都生产它需要的人员。这个生产过程有时陷入技术上的困境,我们能够从中得到一丝安慰。稍后我们将要看到,这个生产过程也可能受到破坏。不过我们此刻看到的是,角色理论及与其共生的感知给我们的社会学视野增加了一个重要的维度,使我们能够比较清楚地看到人的生存境遇。

角色理论给我们提供生动的洞见,使我们看到社会在人身上的存在。如果是这样,那么所谓的知识社会学这个截然不同的出发点可以给我们提供类似的洞见。和角色理论不同,知识社会学起源于欧洲。20世纪20年代,德国哲学家麦克斯·谢勒(Max Scheler)创造了这个术语。另一位欧洲学者卡尔·曼海姆(Karl Mannheim)做了大量的工作,使英国思想界注意到这门新兴的学科,他晚年旅居英格兰。知识社会学的思想血脉富有魅力,涉及的人物包括马克思、尼采,还与德国的"历史决定论"有关,但我们

不能在此地深入研究这个领域。知识社会学之所以适合我们这里的论述,那是因为它可以告诉我们,人和思想都要在社会中定位。实际上,为了我们的目的,这一点可以用来给知识社会学下定义:知识社会学是研究思想的社会定位的学科。

知识社会学明确指出,社会学家是这样一些人,他们在不停地问:"谁说的?"在这一点上,它比社会学的任何一个分支学科都阐述得更为清楚。知识社会学不同意这样的观念:思想的发生脱离具体的人在思考具体事物时的社会语境。即使在研究非常抽象的、似乎没有社会联系的思想时,知识社会学也试图清理从思想到思想者再到他所处的社会环境的发展脉络。有时,思想给具体的社会情景提供合法性,就是说,思想解释、证明并认可具体的社会情景。此时,知识社会学所清理的思想发生、发展的脉络就一目了然了。

举一个简单的例子。假定在一个原始社会里,获取某一种食物要经历千难万险,沿途险象环生,水里鲨鱼吃人。该部落的男人每年两次踏上征途,划着摇摇晃晃的独木舟冒险去猎取这种食物。我们再假设,这个部落有这样一条宗教信仰:不踏上漫漫征途的男人就会失去性能力,唯独祭司可以免于这种艰险的旅程,因为他们日常的祭神活动使他们的性能力得到维持。这样的信仰给那些冒险的勇士提供强大的动力,给留在家里的祭司提供合理的理由。毋庸讳言,在这个例子里,我们首先会怀疑是祭司编造了这样的故事。换句话说,我们会设想,我们在这里看到了一种祭司的意识形态。但这并不意味着,这种意识形态对整个社会的正常运行不起作用,毕竟总得有人去冒险,否则整个部落就要挨饿。

某一思想为社会上的某一既得利益服务时,我们就把这种思想称为意识形态。意识形态经常地,即使不是一贯地、系统地扭曲社会现实,以便插足它能够插足的地方。上一章考察职业群体建立的控制体系时,我们已经看到,意识形态给这些群体的活动提供了合法的依据。不过,意识形态思维能够覆盖规模更大的人类群体。比如,美国南方的种族神话就给一个数以百万计的人实行的社会体制提供了合法的依据。"自由企业"的意识形态掩盖了美国大公司的垄断,这些大公司和老牌企业家的唯一共同特征是坚定不移地随时准备欺骗公众。在这些例子中,意识形态给既得利益群体的行为提供合法性,同时它解释社会现实的方式又使这样的合法性有道理。在"不了解问题"的圈外人(没有分享既得利益的人)的眼里,这样的解释有一点奇怪。南方种族主义者必然认为,白种女人一想到和黑人发生性行为就会感到恶心,同时他们还会认为,种族之间的点头之交也会立即导致性关系。大公司的总管会认为,他固定价格的举措是在保卫自由市场。

这里应该强调指出,提出这些命题的人一般是很诚实的。在道德上故意撒谎是大多数人不屑于干的事情。自欺容易,欺人则难。由此可见,把意识形态的观念和撒谎、欺骗、宣传或诈术的概念严格区别开来,是至关重要的。按照字面的界定意义,说谎者知道他是在说谎。意识形态专家不知道自己在说谎。在这里,我们不会问这两种人在伦理上孰优孰劣。我们只是想再次指出,社会的运作一般并不是刻意思考、精心策划的。大多数有关密谋的理论都过高估计了密谋者的思想预见。

借用默顿在另一语境中的表述我们可以说,意识形态可以"在隐性的层次上"起作用。我们再次以美国南方为例。一个有趣的事实是，黑人聚居带（Black Belt）和《圣经》带（Bible Belt）在地理上凑巧是重合的。换句话说，在同一个地区大体上共存两种现象：南方种族体制最纯粹的地区大体上是极端保守的、基督教新教的原教旨主义集中的地区。这种巧合可以用历史的视角来解释。自从内战前各个教派在奴隶制问题上大分化之后，南方的新教徒和全国范围的宗教思想潮流就隔离开来了。我们还可以这样来解释这个地理上的巧合：这两种现象表现了心智愚昧的两个不同的侧面。我们不会和这两种解释争论，但我们认为，关于意识形态功能的社会学解释能够使我们进一步理解这种巧合的现象。

新教原教旨主义执着于原罪的思想，但奇怪的是，它所谓原罪的涵盖面却很有限。倡导宗教复兴运动的牧师大声布道、谴责世人的罪恶时，总是集中在范围很小的道德罪过上：通奸、酗酒、跳舞、赌博和诅咒。事实上，他们把通奸作为最严重的罪过，在新教道德主义的通用语言里，"原罪"几乎成了"性罪恶"这一更为确定的词语的同源语。无论你对这些罪过怎么说，它们的共同点是基本上都带有私密的性质。实际上，倡导宗教复兴运动的牧师很少涉及公共事务，即使谈到公共事务，他们说到的往往也是官员在私生活上的腐败。诚然，政府官员的偷盗行为是不对的，政府官员的偷情、酗酒、赌博当然更糟糕。然而，面对《新约》里的教诲，面对美国平等主义的原则，面对这两者同根同源的信仰，在一个人们怀疑其核心安排有问题的社会里，把人们的基督教伦理观念局限在个人生活不检点的范围内是有明显效果的。新教原教旨主义的私密道德观念集中在个人的行为举止上，可这些行为举止与社会制度的维护却是关系不大的。这样的道德观念转移了人们的注意力，使人看不见那些伦理检视可能会造成社会紧张、影响社会体制顺利和平稳运行的领域。换句话说，从意识形态的功能来看，新教原教旨主义有助于维持美国南方的社会制度。我们不必进一步指出，新教原教旨主义如何直接给这个社会制度提供了合法性，因为它公开宣告，种族隔离是上帝安排的自然秩序。然而，即使不存在这一类"明显"的合法性辩护，南方的宗教信仰也发挥着"隐性"的功能，起到了维护社会制度的作用。

意识形态分析清楚地告诉我们，思想的社会定位是什么意思；但这样的分析范围太狭窄，不足以充分显示知识社会学的全部含义。知识社会学不仅研究为既得利益者服务的思想，也不限于研究扭曲社会现实的思想；它把整个思想领域作为自己的研究领地。当然，它并不自视为合法性的仲裁者（那是自大狂），而是认为任何思想都是植根于社会的。这并不意味着，一切人类思想都被认为是社会结构的直接"反映"；也并不意味着，在塑造事件的进程中，思想被认为是完全无能为力的。其意味是，一切思想都在仔细的考察之中，而考察的目的是确定思想在思想者的社会存在里如何定位。在这个意义上，正确的说法是，知识社会学的倾向是反理想主义的。

考察每一个社会时，既可以看它的社会结构和社会心理机制，也可以看它的世界观，这一世界观是全体社会成员共享的。世界观因社会情况不同而不同，一个社会和另一个社会的世界观不同，同一社会内部不同人群的世界观也不同。在这个意义上你可以说，和西方人比较，中国人"生活在一个独特的世界里"。我们简略地讲一讲中国人这个例子。深受迪尔凯姆社会学影响的法国汉学家马塞尔·葛兰言（Marcel Granet）正是用这个视角分析

马塞尔·葛兰言(1884—1940),法国人,著名汉学人类学家,师从迪尔凯姆,完成汉学从语文学向社会学的转向,著有《中国古代的节庆与歌谣》《中国宗教》《中国文明》等。

中国人的思想,阐明了这个"独特的世界"。当然,这个世界的与众不同表现在政治哲学、宗教、伦理等事务中。葛兰言认为,根本的不同还可以见诸时间、空间和数量等范畴。诸如此类的其他分析研究也作出了非常类似的论断,研究的案例有:对古希腊和古以色列"世界"的比较,对传统印度教"世界"和现代西方世界的比较。

宗教社会学是这类研究里成果最丰硕的领域之一,部分原因也许是,社会定位的悖论在这里表现得特别真切。有关神祇、宇宙和永生的思想竟然定位于人的社会制度里,并且和人在地理、历史方面的一切相对性拴在一起,这似乎不太妥当。这是《圣经》研究在情感上的一个绊脚石,尤其是当研究者们试图发现具体宗教现象的所谓"生命场所"(颇像我们所谓的社会定位)时。首批基督教传教士携带福音到罗马帝国各地去传教,但这些城邦语言杂陈。针对基督教信仰具有永恒价值的断言的辩论是一回事;然而,如果要研究这些断言如何与当时某些特定的具体社会阶层的挫折、野心或怨恨联系起来,那就是另一回事了。更重要的是,宗教现象本身可以用具体的宗教功能来进行社会定位,比如,它可以使政治权威合法化,可以缓和社会的反叛[正是韦伯所谓的"苦难的神正论"(theodicy of suffering),宗教借这种方式赋予苦难意义,把苦难从革命源泉变成得救载体]。宗教的普适性远远不能证明其形而上的合理性,但我们可以用诸如此类的社会功能来解释宗教的普适性。此外,宗教模式在历史进程中的变革也可以用社会学的术语来解释。

再以当代西方世界里宗教的忠诚情怀的分布情况为例。在许多西方国家,上教堂的情况几乎和各个阶级的身份形成完美的对应,比如,宗教活动是中产阶级地位的主要标志之一,而不上教堂正是工人阶级的一个特点。换句话说,你的信仰比如你对三位一体的信仰(至少从外表上看的信仰)和你的年收入似乎有一定的关系。低于某一收入水平时,这样的信仰似乎失去了一切可能性;反之,如果高于这个收入水平,信仰就成了理所当然的事情。知识社会学就要考问,统计数字和救赎的这种关系是如何产生的。答案必然是社会学的答案——社会学用这样那样的社会情景里的宗教功能来提供答案。自然,社会学家不能够针对神学问题作出断言,但他能够证明,神学问题很难在社会真空里探讨。

回到上文里的另一个例子。社会学家向人们提出忠告时,他不能够劝人去信新教原教旨主义或它的不那么保守的一个教派,但是他能够证明两种信仰都自有其社会功能。他也不能够越俎代庖,代替别人决定让婴儿受洗还是等他长大后再受洗,但是他能够告诉人们,他们在什么样的社会阶层会遭遇到什么样的期待。他也不能够说,人是否应该期待来世,然而他能够告诉人们今生什么样的职业至少可以帮助他们假装相信来世。

除了研究宗教信仰的社会分布之外,当代有些社会学家[比如赫尔穆特·舍尔斯基(Helmut Schelsky)和托马斯·卢克曼(Thomas Luckmann)]还提出了这样一个问题:在现代工业文明中形成的人格类型是否容许传统宗教模式继续下去?由于这样那样的社会学和社会心理学的原因,西方世界是否已经进入了后基督教的阶段?然而,倘若继续追踪这些问题,我们就离题了。或许上述宗教方面的例子足以说明,知识社会学如何给思想以社会定位。

> 赫尔穆特·舍尔斯基(1912—1984),德国社会学家,著有《科学文明中的人》《论制度稳定性》《自动化的社会后果》等。

> 托马斯·卢克曼(1927—),德裔美国社会学家,著有《真实性的社会构建:知识社会学》《语言社会学》《现象学和社会学》等。

由此可见,个人的世界观也来自于社会,很像他的角色和身份在社会中形成一样。换句话说,和他的行为一样,个人的情感和自我解释也是由社会预先决定的。同理,他对周围世界的认知方法也是由社会预先决定的。阿尔弗雷德·舒茨所谓"理所当然的世界"(world-taken-for-granted)就抓住了这个实质。这是一个关于世界的不言自明、自证合理的预设体系,这是每个社会在历史进程中生产的预设体系。这个由社会决定的世界观至少在一定程度上是由社会使用的语言决定的。或许,有些语言学家在强调语言对世界观产生的重要影响时有一点夸大其词,但语言在塑造个人与现实的关系方面起到了一定的作用,这倒是毫无疑问的。我们使用的语言不是由我们自己挑选的,而是由特定的社会群体强加给我们的,这个群体是我们在社会化初期进入的群体。社会预先就界定了语言这个重要的符号系统,我们凭借这个符号系统去了解世界、组织我们的经验、解释我们的生存境遇。

同理,社会为我们提供了价值、逻辑和信息(或错误信息)储备,这样的信息构成我们的"知识"。只有极少数的人有能力重新评估强加在自己头上的东西,即使这些人也只能够重估世界观中零零星星的片断。实际上,他们并不觉得有必要做任何重估,因为他们在社会化过程中接受的世界观看上去是不言自明的。既然社会里和他们打交道的每个人几乎都有这样的看法,这个世界观就是不证自明的。这个道理的"证据"就是在别人的经验中反复重现的情况,而这些人也把这些情况视为理所当然。这个知识社会学的视角可以简要地表述为:现实是由社会构建的。在这个表述中,知识社会学完善了威廉·托马斯关于社会定义的威力的论断,使我们进一步看清了本质并不稳定的社会现实的社会学构图。

角色理论和知识社会学代表了社会学思想里的两条截然不同的思路。它们对社会过程的主要洞见尚未完成理论上的整合,例外或许是塔尔科特·帕森斯(Talcott Parsons)建立的当代社会学的重大体系,但这个体系太复杂,我们不能在这里讨论。不过,所谓的参照群体理论(reference-group theory)为这两种方法论提供了一个相对简单的连接点,参照群体理论也是美国社会学界

> 塔尔科特·帕森斯(1902—1979),美国社会学家,提出社会行动学说和结构—功能主义学说,著有《社会行动的结构》《现代社会的体系》等。

提出的理论。20 世纪 40 年代,赫伯特·海曼(Herbert Hyman)率先使用参照群体概念,其他一些美国社会学家发展了这个概念[罗伯特·默顿和樗幸雄(Tamotsu Shibutani)的贡献尤其大]。在研究各种组织尤其是军事组织和工业组织的功能方面,参照群体理论特别有用。不过,参照群体理论并非我们在此地的兴趣所在。

> 赫伯特·海曼(1918—1985),美国社会学家、社会心理学家、民意调查研究的先驱之一,著有《教育的持久影响》《社会研究的采访活动》等。

> 樗幸雄(1920—2004),日裔美国社会学家、社会心理学家、符号互动论代表人物之一,著有《社会人格:社会心理学互动论》《社会过程:社会学入门》《人性与集体行为》《族群分层》等。

有人区分两种参照群体,一种是你是其成员的参照群体,另一种是你以其为行为取向的参照群体。我们在这里讲一讲第二种参照群体。在这个意义上的参照群体里,群体的观点、信念和行动对我们个人的观点、信念和行动的形成起到决定性的作用。参照群体为我们提供了一个范式,使我们能够不断与之比对。具体地说,它赋予我们看待社会现实的某种倾向,这个倾向未必具有上文提及的意识形态倾向,不过它无论如何都构成了我们对特定群体的忠诚的重要组成部分。

不久前的《纽约客》杂志刊登了一幅漫画:一个衣冠楚楚的大学生对游行队伍中一个蓬头垢面的女孩子说着什么,女孩子手举标语牌要求禁止原子弹试验。配图的文字说明是:"我想这意味着,今天晚上我不会在保守派年轻人俱乐部里看见你。"这个小花絮充分说明今天的大学生可能拥有的参照群体选择。任何略大于袖珍规模的校园都可以提供相当多的群体让学生选择。渴望归属感的学生可以加入若干政治性的小组,也可以倾向于披头族;他既有可能攀上社会名流的圈子,亦有可能在拥戴一位受欢迎的英语教授的圈子里混。毋庸赘言,无论是哪一种情况,每一个群体在着装和行为方面都有各自的要求:言谈间夹杂一些左翼的行话,或抵制本地的美发店,或领带笔挺、衣着古板,或在早春三月就打赤脚等。但是,对群体的挑选伴有一套驳杂的思想符号,符号最

戈德怀特(1909—1998),美国政治家、共和党人,极端保守,主张增加地方权力,采取强硬外交政策。曾任亚利桑那州国会参议员,1964年参加总统选举。

好要亮出来才能够显示自己的忠诚——阅读《国家评论》(*National Review*)、《异见》(*Dissent*)(视情况而定),听艾伦·金斯堡(Allen Ginsberg)在最反常的爵士乐伴奏中朗诵诗歌,熟悉自己注意的一长串大公司的董事长的名字,

艾伦·金斯堡(1926—1997),美国诗人,"垮掉的一代"代表人物,代表作为《号叫及其他》。

表现出自己对不知道玄学派诗人(Metaphysical Poets)的人嗤之以鼻等。戈德怀特(Barry Morris Goldwater)的共和主义、托洛茨基主义(Trotskyism)、禅宗或新批

新批评,20世纪20年代兴起于英国,主张文本细读,研究反讽、象征、歧义等,代表人物有瑞恰兹、艾略特等。

第五章 社会学视角——社会在人 135

评(New Criticism)——这一切令人望而生畏的世界观既可能给你周六晚上的约会增光添彩,也可能使之黯然失色;既可能毒化你和室友的关系,也可能成为赢得挚友的基础,使曾经像躲避瘟疫一样远离你的人成为你的知己。你可能会发现,你既可能和玩跑车的女孩子交上朋友,也可能和喜欢约翰·多恩(John Donne)的女孩子交上朋友。自然,唯独心术不正的社会学家才会觉得,在玩美洲虎跑车的女孩子和喜欢约翰·多恩诗歌的女孩子之间作出选择时,你可能需要玩一点谋略。

约翰·多恩(1572—1631),英国玄学派诗人、神学家,著有爱情诗、讽刺诗、宗教诗、布道文等,代表作有《歌与短歌》《灵魂的进程》等。

参照群体理论说明,一般地说,建立社会关系和脱离社会关系都伴有特定的认知义务。你加入一个群体,由此"知道",世界如此这般。你离开这个群体,而转向另一个,于是"知道",你过去处事有误。你参照的每一个群体在世界中都具有一定的优势地位。每一个角色都附带有一个世界观。你挑选与之打交道的人时,你就挑选了一个要生活于其中的世界。如果说知识社会学赋予我们构建社会现实的广阔视野,那么参照群体理论就向我们展示许多小作坊,其中那些构建世界的小群体就在锻造他们心中的宇宙模型。这个过程中隐蔽的社会心理动力学大概和我们在考察角色理论时看到的社会心理动力学大同小异吧。这样的社会心理动力大概是一种原始的欲望:被人接受、有一定归属并与人共同生活在一个世界里。

有些社会心理学家用实验手段研究群体意见,看它如何影响人对物体的感知,这使我们意识到,这种原始的欲望是难以抗拒的力量。比如,有个人看见的一个物体本来有 30 英寸长,但如果把他放进一个实验组,其中每个人都不断重复说,他们确信这个物体肯定只有十来英寸长,那么他就会逐渐修正自己原本正确的估计。在政治、伦理或美学问题上,群体意见的影响力会更大,这一点不足为奇,因为受到群体意见压力的个人不可能不顾一切地依靠政治、伦理或美学的"卷尺"去进行测量。当然,倘若他真的有什么测量的标尺,群体里的人也会否认他的标尺够资格被称为标尺。在一个群体中有效的标尺在另一个群体中却成了愚昧的标尺。被封为圣徒的标准和被革出教门的标准是可能互相换位的。你选择游戏伙伴时就选择了自己的神祇。

在这一章里,我们挑选了一些社会学思想的线索,它们为我们提供的景观是社会在人身上表现出来的景观,这是对前面几章论述"人在社会"的视角的补充。在此,我们把社会描绘成一个巨大的囚笼的图像不再令人满意,除非我们补充一些细节,显示其中的囚徒如何忙忙碌碌地加固囚笼,使之不会成为残垣断壁。现在看来,我们在社会中受到的禁锢似乎也是内在力量发挥作用的结果,而且这种内在的禁锢和外部压力产生的禁锢一样强大。如今看来,对社会现实更加逼真的比喻可能是木偶剧场的景观。幕布揭开时,小木偶活蹦乱跳,但操纵它们的是肉眼看不见的木偶线,它们高高兴兴地扮演被指派的角色,完成那一出出即将上演的悲喜剧。不过,这个比方还是不够准确。木偶剧场的木偶没有意志,也没有意识;但社会舞台上的木偶想要的只不过是剧本中等待他的命运——而且他有一整套哲学体系去证明自己的命运。

在研讨本章所指的社会现象时,社会学家所用的关键词是内化。社会化的结果就是外在的社会在儿童心里完成的内化。每当成人进入一个新的社会语境或加入一个新的社会群体时,同样的内化过程也在进行,只不过成人的内化比儿童的内化稍弱而已。由此可见,社会并不仅仅是迪尔凯姆所谓的"处在外部"的客观现象,而且还是"存在于内心"的现象,社会是在我们心灵最深处存在的一部分。大多数时候,社会中大多数的外在控制机制对大多数人都是有效的,这个事实令人惊叹;只有理解了内化机制以后,我们才能够理解这个令人难以置信的事实。社会不仅控制着我们的行为,而且塑造着我们的身份、思想和情感。社会的结构成为我们意识的结构。社会不会止步于我们的肌肤表面。社会既包裹着我们,也深入到我们的内心。我们受制于社会的枷锁,这个枷锁不是我们被征服后套在我们身上的,而是我们和社会合谋打造的。诚然,有的时候,我们受到社会的压制而被迫屈服。然而大多数时候,我们是被自己身上的社会性推入陷阱的。我们来到人世之前,禁锢我们的围墙就已经修好了,但却由我们自己来进行重建。我们与社会的合作就是对自己的背叛,我们自己纵身跳进了社会的陷阱。

第六章　社会学视角——社会如戏

经典名句

◆ 我们要生存下去就需要得到社会的承认,以此获得自我形象和身份。但是,社会也需要得到许多像我们一样的普通人的承认,否则它就不能存在。

◆ 实际上人能够对社会说"不",而且他们常常就是这样说的。然而,倘若他们采取这样的行动,他们可能就会遭遇令人不快的后果。人们甚至想都不去想把"不"付诸行动,因为他们把服从视为理所当然。他们在制度里生存的性质也许是他们唯一敢于想象的身份,其他的选择似乎是发疯。

◆ 社会为我们提供了被我们视为理所当然的结构(也可以称之为"安然无虞的世界");在这些结构里,只要我们遵守规则,我们就能够得到保护,就不至于受到生存境遇终极恐惧的威胁。"安然无虞的世界"给我们提供常规和仪式,通过这些常规和仪式,我们遭遇的恐惧被组织起来的方式使我们能够平静地去对付它们。

格奥尔格·齐美尔(1858—1918),德国社会学家、哲学家,代表作有《历史哲学问题》《货币哲学》等。

倘若以上两章与读者的交流是成功的,读者可能会产生一种可称之为社会学的幽闭恐惧症(claustro-phobia)的感觉。他当然有道德上的权利要求作者让他从这种恐惧中得到一点解脱,办法是面对各种社会决定因素时,他要求作者肯定人理所当然的自由权利。然而,这样的肯定在社会学论述的框架里造成了一些先验的困境。展开本章的主要论述前,我们有必要大致看一看这些困难。

自由是不可能通过经验手段验证的。更加准确地说,我们能够体会到,自由和其他的经验性存在一样,的确是客观存在的;然而,自由并未向科学验证方法敞开大门。倘若我们接受康德的理念,那么自由也不能够通过理性思考来验证,换句话说,自由不能够用基于纯粹理性运算的哲学方法来验证。我们再继续看经验手段的有效性问题。我们知道,自由的概念难以把握,靠科学方法理解自由有困难,这个困难固然是在于自由现象难以言说的神秘性(毕竟,自由可能是神秘的,但我们每天都在遭遇这样的神秘性),但更加准确地说,困难主要在于科学方法囿于被严格限制的范围。经验科学必须要在特定的、预设的条件下运作,预设之一是普世的因果关系。人们相信,每一个科学考察的对象都有一个前在的原因。如果一个物体、一个事件本身就是其原因,那么它们就存在于科学话语的范围之外。我们要研究的自由恰好就在科学话语的范围之外。因此,无论多么海量的科学探索都不能够揭示所谓自由的现象。个人主观意识里看上去是自由的任何东西,一旦被放进科学方法的框架里,都会被锁定在因果关系的链条里。

自由与因果关系并非逻辑上互相矛盾的术语。然而,它们属于截然不同的参考框架。因此,倘若有人指望用科学方法来揭示自由的实质,那是徒劳无益的。以为用淘汰法、靠堆积因果关系就可以穷尽原因,就可以得到何为自由的结论——这样的期望是毫无根据的。但自由并非是没有原因而自存的。与此相似,依靠审视科学预测失败的例子,你也不能够得到何为自由的结论。自由并不是不能预测的。正如韦伯所示,倘若自由不可预测,精神病人将是最自由的人。感觉到自己自由的个人并不站在因果世界之外,但他觉得自己的意志是一种特殊的原因,和他必须要考虑的其他原因不一样。然而,一般原因和特殊原因的差异是不能够用科学方法证明的。

一个比方或许有助于我们理解自由。自由和因果关系并不矛盾,两者仅仅是不同的术语而已;同理,效用和美丽也不同,但不矛盾。两者在逻辑上并不互相排斥。但你不能靠证明此一概念的真实性来确立彼一概念的真实性。你可以举一个物件比如家具,断定它对人有用,比如用于就座、就餐、就寝等。然而,无论你能够证明它有什么效用,你都不能够证明椅子、餐桌、卧榻是否美丽。换句话说,效用话语和审美话语这两个世界严格地说是不能比较、不可通约的。

在社会科学的框架里,你面对的思维方式有一个预设了的先验条件:人的世界是一个因果关系封闭的系统。如果不是这样,你的方法就不是科学方法。自由是一种特殊的原因,所以它预先就被排除在这个系统之外了。从社会现象的角度来说,社会科学家必须要假设,原因是可以无限回归的,没有任何原因具有优先的本体论的地位。如果社会科学家不能够用一套社会学范畴解释某种现象的因果关系,他会尝试用另一套范畴。如果政治原因不太令人满意,他会尝试用经济原因。如果社会学的全套概念框架都不足以解释一种现象,他可能会换用另一套概念框架,比如心理学或生物学的一套概念框架。然而,如果用这种方法求证,他依然是在科学的世界里转圈,换句话说,他将发现新的原因序列,但他不可能遇见自由。不管是你还是其他人,除非借助主观内在的确定性,否则,无论在自己还是在他人身上,你都没有任何其他办法去感知自由;而且,一旦你使用了科学分析的工具,这种确定性就消解殆尽了。

如果你由此得出结论说本书作者忠于实证主义信条,那无疑与笔者的意图南辕北辙。可实证主义信条在有些美国社会科学家中间依然很时尚,他们只相信能够用科学方法研究的现实的断片。这种实证主义产生的结果必然是这样或那样形式的心智愚昧,近年来美国行为主义心理学的历史证明了这样的愚昧。然而,如果你的精神营养不想受到令人绝望的污染,你的厨房就必须要清洁卫生,换句话说,你不能够把主观洞见的牛奶淋在科学解释的肉品之上。这样的隔离并不意味着,你不能够品尝两种形式的食品,我们的意思仅仅是,你不能够把两种食品放进一个盘子里。

顺理成章的结论是,如果我们想要把自己的论述严格限定在社会学的参考框架里,我们根本就无法探讨自由,因为社会学的参考框架是一个科学的框架。我们就不得不让读者自己想办法逃离这个幽闭恐惧症的困境。所幸的是,我们这里的几段话不会在学术刊物上发表,也不会在社会学的典礼上宣讲,所以我们就不必非常严格地自我禁锢。相反,我将用两条思路来展开一番论述。第一,我们将继续把论述限定在社会学视角提供的人的生存境遇模式里,我们将尝试证明,内外控制机制或许并不像它们看起来的那样不会出错。第二,我们将步出狭窄的科学参考框架并假定自由的真实性,然后我们就从这个假设的有利角度来考察,社会学模式像什么样子。在第一条路径里,我们将给社会学视角再添上几笔。在第二条路径里,我们将谋求从社会学视角中发掘一些人性化的因素。

现在我们回到上一章结尾的论点,我们认为,我们需要与社会合作以便使我们被社会禁锢。我们和社会的合作是什么性质的呢?一种可能的回答是再次捡起威廉·托马斯的社会情景概念。于是我们就可以说,无论内外的社会压力是什么,大多数情况下,我们都参与了对社会情景的界定。换句话说,无论社会情景呈现出来之前是什么样子,我们都应邀参与了维护这个具体社会情景的定义。不过,另一个可能的答案是转向社会学概念框架的另一个系统,即韦伯的系统。我们认为,韦伯方法论在这里将起到平衡的作用,它有助于平衡迪尔凯姆对社会存在的看法。

塔尔科特·帕森斯将韦伯社会学方法论和其他方法论进行比较,把韦伯的社会学称为"唯意志论的"(voluntaristic)社会学。虽然韦伯的科学方法论太偏重康德哲学的色彩,不容许把自由的概念引入自己的体系,但帕森斯判定的"唯意志论"足以把韦伯和迪尔凯姆区别开来。韦伯强调社会行为的意图,迪尔凯姆对社会行为的意图则缺乏兴趣。我们业已看到,迪尔凯姆强调社会现实的外在性、客观性,强调社会现实状若"事物"的性质[此时你会禁不住诱惑要用他那个学究气的术语——"本质"(quiddity)]。韦伯的主张与此对立,他总是强调主观的意义、意图和解释,这些是行为者参与社会情景时带进来的东西。当然韦伯同时指出,社会中最终发生的事情可能和行为者的意图截然不同。然而他断言,必须要考虑主观这个维度的全貌,你才能够获得充分的社会学知识(韦伯语为 Verstehen,即同情理解法,这个术语已经被引入英语的社会学用语)。换句话说,社会学知识要对社会里存在的意义作出解释。

依据这种观点,每一种社会情景都要靠参与者带入的意义结构来维持。当然,如果社会情景的意义多半靠传统和共识的强大力量来确立,那么,个人偏离传统的解释就起不了多大的作用,这一点是显而易见的。不过,他至少可以疏离这个社会情景。处于社会边缘的生存状况是可能的,这说明,人们普遍赞同的意义并非具有无所不能的压制力量。更加有趣的是,有些人可能会俘获一批追随者,使他们自己偏离传统的解释牢牢扎根,至少是在其追随者的圈子里维持下去。

使我们从"理所当然"的社会里突出重围的可能性在韦伯的神授魅力(charisma)理论里得到了发展。Charisma 这个词取自《新约全书》(不过在《新约全书》里它代表另一个意义),其意思是并非建立在传统和法律之上的社会权威,而是建立在领袖个人超乎寻常的影响力之上的社会权威。宗教先师用神祇赋予的绝对权威的名义来挑战既定的秩序,这就是神授魅力的领袖的原型。你可以联想到佛、耶稣或穆罕默德这样的历史人物。不过,神授魅力也可能出现在世俗生活里,尤其是在政治生活中。你可以联想到恺撒或拿破仑。这种神授魅力的权威范式在反对既定秩序的过程中得到确立,你可以从耶稣反复强调的话里看到这样的魅力:"你们听人说……但是我告诉你们。"其中的"但是"恰当地宣示,他要取代过去有约束力的力量。通常,神授魅力对预先界定的力量构成最富有激情的挑战。它用新的意义取代旧的意义,以激进的方式重新界定关于人的存在的预设。

我们不能够把神授魅力理解为一种奇迹,它的发生不可能不涉及过去发生的事情,也不可能不涉及它发生时的社会语境。历史上的任何事情无不与过去存在千丝万缕的联系。此外,伴随韦伯的神授魅力理论详尽的发展,在神授魅力运动中表现出来的超乎寻常的激情就很难能超过一代人的岁月了。神授魅力必然走进一个韦伯所谓的"常规化"过程。换句话说,它会以不那么激进的形式重新整合进社会结构里。先知的后继者是教皇,革命者的后继者是行政官员。宗教革命或政治革命的大地震过去之后,人们在自己认为的新秩序里安顿下来生活;结果必然证明,变革并不像起初看起来的那样彻底。造反的狂热冷却之后,经济利益和政治雄心就取而代之。旧习惯重新抬头,在由神授魅力推动的革命中产生的新秩序开始复旧,和其用强大暴力推翻的社会及政治制度表现出令人不安的相似性。这个结果是令人难过呢,还是令人安慰呢?个人由于价值取向不同而产生的感觉是不同的。但是,我们在这里感兴趣的不是造反精神在历史长河里长期具有的弱点,而是它得以发生的可能性,这一点是最为重要的。

在这里值得注意的是，虽然韦伯清楚地知道，神授魅力总是很短命的现象，但他还是视之为历史的主要推动力之一。然而，无论在神授魅力"常规化"的过程中

> 特伦托会议（1545—1563），在意大利北部城市特伦托召开的大公会议，这是天主教反对和回应宗教改革的自救措施。

有多少旧模式会重现，世界还是绝不会回到原来那个老样子。即使变革并不像革命者希望或期待的那么深刻，但变革总是发生了。有的时候，过了很长一段时间之后才能够看清楚，变化原来是如此之深刻。历史上彻底的反革命几乎总是以失败告终，其原因就在这里。比如说，特伦托会议（Council of Trent）或维

> 维也纳会议（1814—1815），英、普、俄、奥等国为结束反对拿破仑的战争并恢复封建王朝而召开的会议，会后建立了神圣同盟和四国同盟。

也纳会议（Congress of Vienna）就以失败而告终。社会学视角从中吸取的教训简单朴实甚至平淡无奇，但对于我们获取一个更加平衡的画面至关重要：我们可以有效地挑战庞然大物似的预定命运。从消极的方面来看，用上文中的口吻来说：我们可以中断与历史的合作。

迪尔凯姆的主张和与之相关的社会观留下了无情的印记，印记产生的部分原因是它们对历史进程的注意力不足。没有一个社会结构在黎明期就是庞大无比的，无论它现在看上去是多么的庞大。它的每一个主要特征总是在某些历史时刻由人一个个创造出来的。这些创造者可能是富有魅力的空想家、聪明的骗子、征服了他人的英雄和找到了更好地主持大局的方略的大权在握的人，因为一切社会体制都是由人创造的，其逻辑结论就是，人能

够改变这些社会体制。实际上，上述社会观点（我们再次强调指出，这些观点给我们提供了认识社会现实的有效的视角）的局限性之一是，在这些观点的参考框架之内是难以解释变革的。韦伯方法论的历史取向可以在这里求得平衡。

迪尔凯姆和韦伯看社会的方式并不是逻辑上矛盾的方式。它们只不过是对立的表述而已，因为它们集中关注的是社会现实的不同方面。社会是客观事实，社会压制甚至制造我们——这样说是完全正确的。但我们有意义的行为支撑着社会大厦，有时还协助改变社会大厦——这样说也是正确的。实际上，这两句话包含了关于社会存在的悖论：社会界定我们，又反过来被我们界定。我们在上文提到过这个悖论：我们与社会合作、共谋。然而，一旦我们用合作、共谋的观点看社会，而不是用被社会压制和制造的观点来看社会，社会看起来就很脆弱。我们要生存下去就需要得到社会的承认，以此获得自我形象和身份。但是，社会也需要得到许多像我们一样的普通人的承认，否则它就不能存在。

换句话说，不仅我们个人而且社会本身也依靠界定而存在。我们不承认特定社会现实的态度有多大的效果，要由我们的社会地位来决定。如果奴隶不承认他受奴役的身份，那对他并没有多大帮助；但如果一个奴隶主不承认奴隶制，那就是另一回事了。不过，即使遭到最卑微的奴隶的挑战，奴隶制也总是以强大的暴力手段来回应。另一方面，正如不存在绝对的社会权力一样，绝对的无能为力也是不存在的。社会的主宰认识到这一事实，并采用相应的控制手段来主宰社会。

其结果是，社会控制系统需要时常得到治人者的确认和再确认。但用几种方式去抵制这样的确认也是可能的。每一种抵制都对官方界定的社会构成威胁。我们这里要考虑的抵制这种确认的几种手段是:变革、超然和巧妙利用(manipulation)。

我们对神授魅力的陈述已经显示,由社会定义的变革可能会以何种方式发生。当然,神授魅力并非引起社会变革的唯一因素,然而,任何社会变革进程都和对现实的新定义联系在一起。任何这样的重新定义都意味着,一个人开始采取的行动和社会的旧有定义对他的期待是对立的。奴隶主期待奴隶向他鞠躬时,结果脸上却挨了一拳。当然,鉴于这种事件发生的频率,我们把它们称为个人的"偏离"或社会的"组织瓦解",这是常用的社会学术语。有人拒不承认社会对经济权利的界定时,我们就即将面对犯罪现象,这是一种行为偏离,也就是联邦调查局统计数字里归档的"侵犯财产罪"。但是,当大批人追随政治领袖并拒不承认社会的经济权利定义时,我们面对的就是革命(可能是建立社会主义秩序的形式,也可能是比较温和的税制改革)。个人的偏离行为和大批人的无组织以及重组整个社会体系的运动截然不同,它们在社会学上的分别是显而易见的,前者的例子有犯罪,后者的例子有革命。不过,两者对我们这里的论述都至关重要,两者都说明,抗拒外在控制和(必要的)内在控制都是可能的。实际上,我们审视革命时发现,总是在反抗旧秩序的外在行为出现之前,内在的顺从和忠诚就已经瓦解了。帝王的形象比他们的王冠更早地瓦解。正如阿尔伯特·萨洛蒙所示,统治者在人民心目中被摧毁的形象可以用法国大革命前关于王后项链的绯闻和俄国革命前夕拉斯普廷(Grigori Efimovich Rasputin)的案件来说明。与此相似,在当代南方黑人反对种族隔离的起义爆发之前的很长一段时间里,他们原来的角色界定就已经在全国受到怀疑,也在他们自己的头脑中被摧毁了(顺便指出,在这个过程中,社会科学家包括南方的白人社会科学家扮演了相当重要的角色)。换句话说,社会制度早在被暴力推翻之前,已经由于人民的鄙视而失去了意识形态的支持。不承认社会规范、反对社会规范的定义总是具有潜在的革命威力。

法国大革命之前不久,路易十六的王后玛丽·安托瓦尼特(Marie Antoinette)的钻石项链神秘失踪,绯闻不断,使宫廷威信扫地。

拉斯普廷(1872—1916),俄国平民医生,为皇室治病,受沙皇宠爱,由于极其淫荡而被暗杀,皇室名声因此而受到玷污。

但是,我们可以看看一些更加平常的案例。在这些案例中,人们不接受自己以前的身份界定,于是,特定的社会情景就可能被改变,至少是受到一定程度的破坏。如果我们能够举一个不那么学术性的例子,我们就可以引证英国幽默作家斯蒂芬·波特(Stephen Potter)的作品,这些作品出色地表现了社会破坏的微妙艺术。他所谓的"策略"(ploy)正是对社会情景进行重新界定的技巧,被重新界定的情景与一般的期待相反,在这一过程中情景中的其他参与者猝不及防且无力进行反制。病人多次预约电话访谈,他把医生诊断室变成生意场;在英国游览的美国人给英国东道主讲授伦敦的古迹;留宿的客人暗示,他不为人知的神秘的宗教信仰使他不能陪主人上教堂,因而把主人一家子的礼拜天上午搞得一团糟。这一切例子都可以被称为成功的微型社会破坏,和伟大的革命者那种普罗米修斯式的盗取天火相比,它们固然是雕虫小技、不值一提,然而在揭示社会结构固有的不稳定性方面,它们毫不逊色。如果读者的道德成见允许,他不妨立即测试波特式的社会破坏方法[不妨称之为鼓动异见的工程(engineering of dissent),我们为此向麦迪逊大街致歉]的有效性。在纽约市的鸡尾酒会上,他可以假装成滴酒不沾却宽容酒鬼的人;在循道宗教会的野餐会上,他可以假装成有神秘信仰的新人;在企业家的午餐会上,他可以假装成心理分析师。在这些情况下,他都很可能发现,突然闯进却不适合特定剧情的人物,对适合剧情的人物的角色扮演构成了严重的威胁。这样的经验有可能使人的社会观点突然逆转;此前令人敬畏的巨型花岗岩大厦突然变成了纸糊的玩具房子,一捅就破。迄今为止,有人对社会的稳定和正义非常自信,对这些人而言,社会变化令人不安。与此相反,有人倾向于把社会看成是骑在自己身上的巨人,而且未必是友好的巨人,对他们而言,社会变化有令人解脱的效应。这个巨人患有神经性痉挛症,这个发现倒是令人安慰的。

倘若你不能改变或破坏社会,你可以在内心深处采取退让的姿态。超然的态度是抵抗社会控制的办法,这样的处事态度至迟始于老子,斯多葛派(Stoics)把它发展成为一个抵抗的学说。他们退出社会舞台,隐居到自己的宗教、思想和艺术领域里,进入自我流放的境界,但他们依然承载着起初在社会里获得的语言、身份和知识储备。尽管通常要付出巨大的心理代价,但是为自己

> 斯多葛派,古希腊一个重要的哲学流派,主张普世主义、恬淡寡欲、重视理性和逻辑,是对智者派(sophists),即诡辩派的反动。

构建一座精神的城堡还是可能的,出世者几乎可以把社会的日常期待忘得一干二净。在修筑城堡的过程中,这座城堡的精神气质与其说是由周围社会体系的意识形态决定的,不如说是由堡主自己决定的。如果有同道与你共筑城堡,你确确实实可以构建一个"反社会"(counter-society)的城堡,它与那个"合法"社会的外交关系可能会减少到最低限度。顺便指出,到了那样的境界,超然出世的态度产生的心理压力就会降到最低限度了。

这样的"反社会"建立在偏离常规的、超然的定义上,其存在形式是宗派、异教、"核心圈子"(inner circles)或其他群体等社会学家所谓的亚文化(subculture)。如果我们想要强调这种群体在规范和认知上的隔离性,把它们叫作亚世界(subworld)也许更合适。借用卡尔·梅耶尔(Carl Mayer)的话并略加变换,我们就可以说,亚世

卡尔·梅耶尔(1902—1974),德裔美国社会学家,翻译并弘扬韦伯的学术思想,培养了一批颇有建树的社会学家,著有《马克斯·韦伯对卡尔·马克思的诠释》等。

界是社会这个汪洋大海里由偏离常规的意义组成的孤岛;梅耶尔用这个术语令人信服地描绘了宗教派别的社会性质。从外部进入这个亚世界的人不能不强烈地感觉到,他进入的世界是一个话语非常独特的世界。古怪的宗教信仰、颠覆性的政治、反传统的性行为、非法的游乐——其中任何一种特征都足以造成一个亚世界,精心打造的盾牌使之不至于受到社会控制的影响,物质的和意识形态的社会控制都被拦截在这个世界之外。因此,现代美国城市里可能隐藏着一些公众看不见的地下世界,比如神智学者(theosophists)、托洛茨基主义者、同性恋者和瘾君子的世界,他们说自己的话,他们的语言构建的世界和其他公民的世界在语义上相差十万八千里。实际上,现代都市生活的匿名性和自由流动性大大促进了这种地下世界的构建。

然而,叛逆性较弱的思想构建也可以在很大程度上把个人从具有决定性的社会制度中解放出来,强调指出这一点至关重要。只要他们在追随自己的兴趣时有经济条件生存下去,狂热献身

> 亚述学,对亚述的古代文明和语言的研究,亚述(Assyria)帝国位于底格里斯河流域北部,公元前9世纪至公元前7世纪进入强盛时期。

纯数学、理论物理学、亚述学(Assyriology)或琐罗亚斯德教(Zoroastrianism)的人就可以基本上不理会常规的社会要求。更为重要的是,这些话语世界自然引领他接受的思维方向

> 琐罗亚斯德教,古波斯人琐罗亚斯德(Zoroaster/Zarathustra,亦名查拉图士特拉)创建的宗教,该教亦称祆教、拜火教,南北朝时传入中国。

具有高度的自治性,其思维模式和常规的思维模式相对,因而脱离一般社会人的世界观。你也许会记得数学家在一次聚会上的祝酒词:"为纯数学干杯,祝愿它永远不会对任何人有用!"和上文的例子不同,叛逆性较弱的亚世界不是经由反叛社会形成的,然而它还是走向了一个自主的精神世界;在这个自主的精神世界里,个人几乎可以用奥林匹亚神祇那种超然的态度生活。换句话说,个人的世界也好,群体的世界也好,人们都可以构建自己的世界,并且在此基础上超然于他们起初完成社会化时所在的那个世界。

上文对"策略"艺术的探讨使我们接近于逃避社会暴政的第三种方法,即巧妙利用的方法。运用这种方法时,个人并不尝试去改变社会结构,也不对社会结构采取超然的态度。相反,他用社会结构的合法守护者未曾预料到的方式去有意识地利用这些社会结构,根据他自己的目的在社会丛莽中独辟蹊径。欧文·戈夫曼分析了"囚徒"(inmates)世界(包括精神病院、监狱和其他压迫机构),他提供的例子充分说明"巧妙利用制度"(work the system)为何能够成功;所谓巧妙利用就是用正常程序之外的方式去利用社会制度。在监狱洗衣房工作的囚犯用那里的机器洗自己的袜子,病人用医务人员的通信系统发送私人信息,士兵用军车送自己的女朋友——这一切都是"巧妙利用制度",借以宣示摆脱制度的霸道要求而拥有的相对独立性。倘若你匆忙得出结论说,这些伎俩是可怜而无效的反叛,那未免太轻率。调配车辆的中士成功地在应召女郎之间周旋、住院病人把医院的通讯中心变成赌注站等案例都说明,这样的巧妙利用是可能的。这样的运作在地下世界里已经进行了很长一段时间。工业社会学提供的许多案例说明，工人能够利用工厂的正规组织来达到自己的目的，其中一些目的偏离了厂方的意图，另一些目的有时和厂方的意图是对立的。

安德烈·纪德（1869—1951），法国作家，一度信奉共产主义，著有《不朽》《蔑视道德的人》《梵蒂冈的地窖》等，获1947年诺贝尔文学奖。

托马斯·曼（1875—1955），德国作家，著有《威尼斯之死》《魔山》《布登勃洛克一家》等，获1929年诺贝尔文学奖。

人有聪明的办法来绕开和颠覆最精巧的社会控制系统，这样的机巧能够矫正社会压抑，使人的精神为之一振。我们常常会同情诈骗者、冒名顶替者或江湖郎中（只要不是自己被欺骗）。同情的原因可以这样来解释：这是从社会决定论中寻求解脱的一丝宽慰。这些人是社会马基雅弗利主义的象征，马基雅弗利对社会有透彻的理解，他不受幻觉的束缚，找到了巧妙利用社会并达到目的的方法。文学作品中的人物有安德烈·纪德（André Gide）笔下的拉夫卡迪奥（Lafcadio）和托马斯·曼（Thomas Mann）笔下的费利克斯·克鲁尔（Felix Krull）。实际生活中的骗子我们可以举费迪南德·沃尔多·戴马拉(Ferdinand Waldo Demara)为例,长期以来他冒充各个领域的一大批著名专家,成功地赋予自己各种令人尊敬的社会身份,如大学教授、军官、刑罚学家甚至外科大夫。当我们看见骗子扮演各种令人尊敬的社会角色时,难免会

> 费迪南德·沃尔多·戴马拉(1921—1982),美国人,曾在美国军队和加拿大军队服役,骗术极其高明,成功冒充各种人物。他的故事被写成小说、拍成电影。

形成令人不安的印象:那些"合法"拥有这些角色的人获取社会地位的手法也许和那些冒充他们的骗子没有多大的区别吧。如果你知道职业生涯中难以避免的欺骗、哗众取宠的废话和"胜人一筹的手腕"(one-up-manship)(斯蒂芬·波特语),你几乎就会得出一个危险的结论:社会首先是一场骗局。以这样那样的方式,我们大家都在设置骗局。愚昧者假装博学,欺骗者假装诚实,怀疑者假装相信——如果没有假装的博学,任何大学都不能够生存;如果没有假装的诚实,任何企业都不能够成功;如果没有假装的信仰,任何教会都不能够维持。

在这个方面,戈夫曼阐述的另一个概念能够助我们一臂之力。这个概念被他称为"角色距离"(role distance),其意思是不太认真地扮演角色,没有当真的意向,且另有秘而不宣的目的。在每一种高压的情景中都会产生这样的现象。"土著人"下属假装出主人指望的百依百顺,但同时却策划着在某一天割断所有白人的脖子。黑人佣人假扮糟蹋自己的小丑,新兵假装一尘不染、风纪严明的狂人,事后他们心里想到的和假装的神话却截然相反,他们在内心里拒绝自己的角色的意义。正如戈夫曼所云,身处这种情景的时候,口是心非、表里不一是在自我意识中维护自

己尊严的唯一办法。戈夫曼这个概念可以推而广之,用于外在角色和内心身份不一致的一切情况。换句话说,行为者在他的意识和角色之间确定了一个内在的距离。这样的情况对社会学视角极其重要,因为它们偏离了常态的模式。正如我们竭力阐明的道理一样,在常态的模式中,我们扮演角色时不假思索,对情景中的期待立即作出回应,我们的回应几乎是自动化的。在这里,我们的无意识迷雾被顿然驱散了。在许多情况下,这不会影响可见的事件进程,但这构成了社会生存的一种本质不同的形式。"角色距离"标志着一个转折点,牵线木偶小丑变成了舞台上活生生的侏儒,木偶剧场变成了活生生的舞台。当然,到了活生生的舞台上,演出还是需要剧本、舞台管理和包括个人角色在内的看家的全部剧目。不过,你现在扮演角色时的意识是完全清醒的。一旦这种情况发生,侏儒就有可能摆脱既定的角色,转而扮演悲剧的英雄;或者,哈姆雷特可能会像小丑那样翻筋斗,会哼唱肮脏的小调,而这种可能性是非常危险的。让我们重申上文的断语:一切革命都是从意识的变革开始的。

我们在这里介绍一个有用的概念——游离(ecstasy)。这里所谓的"游离"不是神秘而异常的意识强化,而是其字面的意思,即置身局外或步出理所当然的日常社会时的那种感觉。在探讨"选择"(alternation)的概念时,我们曾经提到一个重要的"游离"的形式:个人在生存境遇中从一个世界跳入另一个世界时的感觉。然而,即使不能够完成这样的世界间的交替,我们也能够和自己的世界拉开距离,采取超然的态度。一旦个人不必用内心的投入去扮演角色,一旦他开始刻意和假装地扮演角色,扮演者就进入了"游离"的境界,就忘记了"理所当然的世界"。别人认为是命运使然,他却认为只是一系列需要考虑的因素;别人认为是重要的身份,他却当作方便的伪装。换句话说,"游离"改变了他的社会意识,以至于既定性(givenness)变成了可能性(possibility)。起初,这是一种意识状态,但它早晚会导致行为上的重要后果。从官方秩序守护者的观点来看问题,如果太多的人在参与社会游戏时内心有所保留,那就会出现危险的局面。

我们把"角色距离"和"游离"当作社会生存的因素来考虑,这就提出了一个有趣的知识社会学问题:是否存在能够促成这种意识出现的社会语境或社会群体?卡尔·曼海姆非常喜欢在伦理和政治的基础上做这样的研究(有人或许对这一立场持不同意见),他花了大量的时间寻找这个问题的社会基础。他认为,"自由悬空的知识分子"(和社会既得利益几乎没有任何瓜葛的知识阶层)是这种解放了的意识的最佳载体,有人或许又会对他这个观点持不同的意见。然而,毫无疑问,某种思想训练与活动是能够通向这样的"游离"的境界的,我们在探讨超然的形式时已经对此做了说明。

我们还可以做其他一些试探性的归纳。"游离"在都市文化里出现的可能性比较大,在乡村文化里出现的可能性比较小(乡村与城市的典型角色相对,城市是承载政治自由和思想自由的场所);在处于社会边缘的群体里比较多,在处于社会中心的群体里比较少(注意历史上欧洲犹太人和各种思想解放运动的关系,另一个迥然不同的例子是学徒期满的保加利亚人,他们带着摩尼教信仰,横跨欧洲到达法国南部的普罗旺斯);同理,在社会地位不安稳的群体里比较多,在社会地位安稳的群体里比较少(注意新兴阶级反对既定秩序时产生的揭露性意识形态,十七八世纪法国新兴的资产阶级就是最好的例子)。"游离"现象这样的社会定位使我们再次注意:即使彻底的反叛也不会发生在没有预定因素的社会真空里;即使虚无主义也是由它试图否定的结构预先决定的。这就是说,摆脱社会角色的每一次解放都恰恰发生在同样具有社会属性的边界之内。尽管如此,与我们此前的论述相反,我们考虑各种形式的"游离"现象使我们在一定程度上逃离了决定论的死胡同。

看过社会如囚笼和木偶剧场这两种图像之后,我们来看社会的第三种图像,即社会如舞台的图像,这是活生生的演员登台亮相的舞台。第三种图像不会涂抹掉前两种图像,从我们方才考虑过的社会现象的角度来看,第三种图像比前两种图像更为妥帖。这就是说,这个戏剧模式并不否认,演员在台上表演时受到剧场经理的外部控制和角色的内在控制。尽管如此,演员还是有选择的余地——或积极投入,或沉闷应付,或用内心的信念诠释,或保持一定的"距离",有时甚至拒绝登台演出。如果用戏剧模式这一中介来看社会,我们总体的社会学视角就会大为改观。现在看来,社会现实似乎是栖息在许多个体演员的合作之上,其基础摇摇晃晃;或许可以用一个更好的比方:社会现实似乎是许多杂技演员所做的高难度的平衡,他们尽力保持社会摇晃的结构的平衡。

舞台、剧场、马戏团甚至狂欢节——这就是我们在社会如戏的模式里看到的一些图像,它们共同呈现的社会概念可以被表述为"不牢靠的""不确定的",且常常是"难以预测的"。一方面,社会制度的确限制和压制我们;另一方面,它们又以戏剧常规的形式甚至虚构的形式出现。它们是由过去的剧场经理发明的,将来的剧场经理却有可能让这些社会制度回到它们出现时的那种"虚无"状态。演出这台社会大戏时,我们假装这些不牢靠的常规是永恒的事实。我们表演时假装其他的表演方式仿佛不存在;作为一个人、一个政治主体、一个教徒或一位专业人士参加演出时,我们仿佛觉得唯一存的方式就是剧本里规定的那种方式;然而事实正好相反,有的时候,即使最迟钝的脑子里也会闪过一丝念头:我们有能力做千差万别的事情。如果说社会现实是以戏剧的方式被创作的,那么它就必然具有戏剧的可塑性。就这样,戏剧模式为我们打开了一条通道,使我们能够摆脱社会学思想起初把我们引进的那种僵化的决定论模式。

范围比较狭窄的社会学论述可以暂时存而不议。在此之前,我们要指出一个与上述几个比方非常相关的经典的贡献,这就是德国社会学家格奥尔格·齐美尔(Georg Simmel)的社交理论(theory of sociability)。齐美尔和韦伯是同时代人,他的社会学方法论和韦伯的方法论大不相同。齐美尔认为,社交(这个词通常的意义)是社会互动的游戏形式。在聚会的时候,人们"游戏社会"(play society),就是说他们进行多种形式的社会互动,不带平常那种严肃劲。社交把严肃的交流变成含糊的会话,把爱欲变成风骚,把伦理变成风度,把审美变成口味。齐美尔指出,社交的世界是不牢靠的、人为的世界,一旦有人拒绝玩游戏,它立刻就被粉碎了。在社交聚会时,如果有人抬杠,他就会使人扫兴、使人无心游戏;正如如果把调情变成公开的色诱,那也会糟蹋游戏,因为聚会不是纵欲狂欢;如果在无害闲聊的伪装之下公开推销自己的商业利益,同样会糟蹋游戏,因为聚会时的会话至少要假装不谋利益。参与纯社交情景的人至少会暂时忘记自己严肃的身份,暂时进入一个过渡性的假装的世界。游戏性的假装是这个世界的必要成分,相关的游戏人摆脱了平时在地位、财产和激情方面的负重。一旦有人把"认真的"外部利益的庄重(含"庄重"的双重意义)色彩带进游戏场所,这个人为的、假装的、脆弱的游戏世界就立即被粉碎了。顺便需要指出,只有在社会地位平等的人之间,纯粹的社交才有可能,其道理就在这里;如果社会地位不平等,维持假装的平等就太费劲,办公室里上司和下属的每一次聚会,都令人痛感处境的尴尬:轻松的社交难以进行。

我们对社交现象产生兴趣并不是为社交而社交。不过在这里,我们可以把齐美尔对社交的研究和早些时候我们对乔治·赫伯特·米德角色理论的探讨联系起来看。米德认为,社会角色是通过游戏学会的。我们认为,如果整个社会不具备人为的性质,社交的人为性就不可能存在。换句话说,社交就是"游戏社会"(playing society)的一种特殊情况,游戏者对其虚构性更加自觉,不太受紧迫的职业雄心的支配;然而,社交也是更为宏大的社会结构的一部分,你同样能够与之游戏。我们已经看到,正是通过这样的游戏,儿童才学会了扮演"认真"的角色。在社交的过程中,我们在有些时刻回到了童年时代戴着面具的游戏生活里,这也许就是社交的乐趣。

然而,如果你认为"严肃"世界的面具和游戏世界的面具截然不同,那未免太过武断了。你在聚会时扮演"神侃"的角色,在办公室里扮演意志坚强的角色。聚会时的圆通可以转换为政治手腕,生意场上的精明可以转换为娴熟的社交礼仪。或者可以说,"优雅的社交举止"和一般意义上的社会技能之间有一个联结点。社会学对外交家的"社交"训练有用,对首次进入社交界的人有用,其道理就扎根在这个事实中。通过"游戏社会",人们学会在任何场合里得体的社会行为。除非社会总体上具有戏剧的性质,否则这一切是不可能成立的。在《游戏的人》(*Homo ludens*)中,荷兰历史学家约翰·赫伊津哈(Johan Huizinga)以生花妙笔证实,除非把人当作游戏的物种,除非研究人游戏和游乐的一面,否则我们就不可能把握人类文化。

思考了这些问题之后,我们已经非常接近社会科学参考框架的边界。在这个框架之内,我们不可能让读者从稍早时候论证的决定论的负担之中解放出来。和决定论的观点比较,目前本章所论似乎相当弱小,不那么具有决定性的意义。这在所难免。我们重申,凭借科学手段或在科学话语的世界之内,要先验地把握自由的全部意义是不可能的。在那些论述里,我们最接近自由的表述仅仅是说明在某些情况下、在某种程度上摆脱社会控制的自由。凭借科学手段,我们不可能发现在社会里如何自由行动。即使我们能够用社会学方法在因果关系的秩序中找到获取自由的洞口,心理学家、生物学家或其他研究因果关系的人也会插上一足,用他们的决定论材料来堵塞我们发现的洞口。不过既然我们在这本书里未承诺唯科学逻辑马首是瞻,我们现在就准备从一个截然不同的方向来研究这个社会生存问题。以社会学方法来研究,我们未能得到自由的定义,而且我们意识到,我们永远不可能用社会学方法求得自由的定义。姑且让它去吧。现在让我们从另一个视角来审视我们的社会学模型。

如前所述,只有心智愚昧的人才会认为,唯独能用科学方法把握的东西才是现实。我们满怀希望,始终尽力不陷入这样的窠臼,所以我们的社会学论证始终以另一个观点为前景,这个观察人的存在的观点不是社会学的观点,甚至不是科学的观点。这个观点并不古怪,而是相当普通(或许其阐述方式非常独特)的人类学观点,它认为,人有获得自由的能力。显然,对这种人类学观点进行详细的哲学探讨可能会完全撑破本书的参考框架,就此而言,那是本书作者力所不及的。不过,尽管我们不准备对人类自由问题做哲学探讨,至少还是有必要说明:在不放弃这个自由观念的情况下,我们如何能够就此做一些社会学的思考;更进一步地,人的观念,包括自由的观念又如何把社会因素考虑在内。我们认为,在哲学和社会科学之间尚有大片未开垦的处女地,这是一个重要的对话领域。我们请读者注意阿尔弗雷德·舒茨的著述,以及莫里斯·纳坦森(Maurice Natanson)正在作出的努力,他们为我们指出了这种对话前进的方向。在以下几页里,我们的论述必然是非常粗线条的勾勒。不过我们希望,这些论述足以说明,社会学思想不必以陷入实证主义的泥潭为结局。

> 莫里斯·纳坦森(1924—1996),美国社会学家、存在现象学家、芝加哥社会学派互动论思想的代表,著有《现象学文集》《文学、哲学与社会科学》《胡塞尔传》等。

我们的出发点是这样一个假设:人是自由的。我们从这个新的出发点回头去说社会存在的问题。在这个过程中,我们将会发现,存在主义哲学家提出的一些观点是有用的(不过,我们使用这些观点时不会怀有教条式的意向)。因此,我们邀请你尝试认识论上惊心动魄的一跃(*salto mortale*),然后将这一跳跃置诸脑后,回到我们研究的问题上。

让我们回头再来看一看盖伦的制度理论。我们记得,按照这个理论的解释,制度疏导人的行为颇似本能疏导动物的行为。我们在探讨他这个理论时说,这两种疏导之间存在着一个重大的差异:倘若动物能够反思自己的本能,它一定会说,"我别无选择";同样,在解释自己为何服从制度的要求时,人们也会说,"我别无选择"。唯一的区别是,动物说的是实情,人却是在欺骗自己。为何这样说呢?因为实际上人能够对社会说"不",而且他们常常就是这样说的。然而,倘若他们采取这样的行动,他们可能就会遭遇令人不快的后果。人们甚至想都不去想把"不"付诸行动,因为他们把服从视为理所当然。他们在制度里生存的性质也许是他们唯一敢于想象的身份,其他的选择似乎是发疯。这并不改变一个事实:"我必须"几乎在每一个社会情景里都是欺骗自己的谎言。

以我们这个新观点来看问题,既然人类学参考框架承认人是自由的,那么我们用让-保罗·萨特(Jean-Paul Satre)所谓的"自欺"(bad faith)来分析自由问题,就可能大有裨益。简单地说,所谓"自欺"就是把事实上自愿的行为假装成必需的行为。"自欺"就是逃离自由,就是不诚实地逃避"选择的痛苦"(agony of choice)。"自欺"表现在无数的人生情景中,从最普通的境遇到最严重的灾难。如果在咖啡馆里穿梭的服务生假装除了在他被雇用的上班时间,他在其余时间的身份也是服务生,那就是"自欺";如果女人让自己的身体一步步被勾引,而她却继续以纯真的口吻说话,并且假装那是身不由己,那就是"自欺";如果恐怖分子杀人却原谅自己说,他别无选择,因为组织命令他去干,那就是"自欺",这是因为他假装自己的生存必然和组织联系在一起,而实际上这样的联系正是他自己选择的结果。"自欺"仿佛是笼罩在社会上的一层由谎言构成的薄膜,这是一望而知的。"自欺"存在的可能性本身就告诉我们自由的真实情况。人能够生活在"自欺"状态中,仅仅是因为他生活在自由中,却不愿意去面对自由。"自欺"是人类自由(liberty)的阴影。它逃避这种自由的企图注定要失败。萨特有一句名言,我们"注定是自由的"(condemned to freedom)。

如果我们把萨特的这个"自欺"概念用于社会学的审视,我们会突然面对一个令人吃惊的结论。我们在社会中生活时所扮演的那一套复杂的角色似乎成了一套庞大的"自欺"设备。每一个角色都携带着"自欺"的可能性。谈及社会角色对自己的期待时,凡是说"我别无选择"的人都是在"自欺"。有的时候,这样的告白有一定的真实性,就是说在那个特定的角色里,人别无选择,我们很容易想象这样的环境。然而即使在这样的情况下,个人也能选择跳出这个角色。诚然,在特定的情况下,一个商人不得不狠心摧毁他的竞争对手,他"别无选择",否则他自己就要破产;然而在这样的情况下,选择残酷打压别人而不是选择自己破产的正是他自己。诚然,一个男人要维持令人尊敬的社会地位时,他"别无选择",只能够背叛他的同性恋伙伴;然而在令人尊敬的地位和对同性恋朋友的忠诚之间作出选择的正是他自己。诚然,在有些情况下,法官只能够判处一个人死刑而"别无选择";不过在作出这样的判决时,他选择了继续当法官,而且他当初选择当法官时就知道,他的职业选择可能会导致这样的后果,况且当面对可能要作出的死刑判决时,他的选择是不辞职。人们要为自己的行为负责。如果他们把自己的选择说成是铁定的需要,这就是"自欺"。

第六章 社会学视角——社会如戏

在审判纳粹战争罪犯时，即使是法律这个"自欺"的主要堡垒也承认了这个事实。

萨特以如椽之笔描绘了"自欺"在反犹分子这类人身上最恶劣的表现。反犹分子疯狂地把自己和一些神话身份（"民族""种族""大众"）画等号。在这个过程中，他们剥夺了自己对自身自由的了解。反犹主义（或任何其他形式的种族主义或狂热的民族主义）本质上是"自欺"的，因为它把人的全部属性等同于社会属性。于是，人性就成了没有自由的实实在在的东西。于是，人们的爱恨杀戮都局限于一个神话世界里；在这个世界里，人人都成了社会标签，比如纳粹冲锋队队员就成了自己的徽章所示的符号，犹太人就成了集中营囚服上标记的深受鄙视的符号。

这是"自欺"的极端恶劣的形式。但这种恶劣的形式并非仅限于纳粹及其极权主义的卡夫卡式的世界里，还以自我欺骗（self-deception）的同等模式存在于我们的社会里。自诩为人道的社会保留了死刑，这正是一长串"自欺"的行为之一。其他一些动用酷刑的人比如纳粹把自己打扮成认真履行公务的公仆，他们声称，自己的个人道德即使普普通通却没有污点，他们只是勉为其难地克服了自身的弱点并履行了自己的职责。

我们不会在此详细探讨这种"自欺"的伦理意义。我们将在下一章"补记"里做一些简单的论述。我们将回头讲那个令人吃惊的社会观，这个社会观是上述研究产生的结果。既然社会的存在形式是由社会角色组成的网络，而且每一个角色又可能成为扮演者逃避责任的长期或暂时的借口，我们就可以说，欺骗和自我欺骗是社会现实里的核心问题。这不是社会的偶然性质，不是靠道德改造或其他手段就可以根绝的现象。社会结构里固有的欺骗是社会运转中存在的必然现象。只有社会的虚构因素[借用汉斯·费英格(Hans Vaihinger)的话说就是"仿佛"的性质]被赋予本体论的地位时——至少在部分人部分时候这样做时,社会才能够维持下去;这么说吧,只有在这样的情况下,我们迄今为止所知的人类历史上的社会才能够维持下去。

汉斯·费英格(1852—1933),德国哲学家,提出"虚构"理论作为其"仿佛"哲学的基础,从而在实用主义方向上发展了康德主义,著有《康德研究》《仿佛哲学》等。

社会给个人提供了一种庞大的机制,使他看不见自己的自由。正如个人的"自欺"一样,社会有一个集体共谋的"自欺"属性,但这个社会属性正是依靠社会而存在的自由的可能性的一种表现形式。我们是社会存在物,我们的存在被捆绑在具体的社会定位上。同样的社会情景既可能是"自欺"的陷阱,也可能是自由的时机。每一个社会角色的扮演过程既可能是有意识的,也可能是盲目的。只要我们有意识地扮演一个角色,这个角色就可能成为我们自主决策的载体。每一个社会制度都能够成为一个借口,一个让我们与自由疏离的工具。不过,至少有些制度能够成为保护自由人行为的盾牌。这样,对"自欺"的理解未必使我们把社会看成是浩瀚的幻觉王国,而是使我们更加清楚地看到社会存在的悖论性质和极其不安稳的性质。

存在主义哲学中另一个有益于我们论述的观念是马丁·海德格尔(Martin Heidegger)所谓的"人"(*das Man*)，这个德语词无法直译成英语。它在德语里的用法接近于"one"在英语里的用法，比如下面这个句子："One does not do that"(Man tut das nicht)。法语的"on"传递的意思也大致相同。何塞·奥尔特加·伊·加塞特(José Ortega y Gasset)用西班牙语中的"*lo que se hace*"这一概念很好地捕捉住了海德格尔的意向。换句话说，海德格尔的"*Man*"可以用来泛指"人"模糊的概括意义。"*Man*"既不是不做这件事的这个人，也不是那个人，不是你，亦不是我——在一定程度上，它指一切人，而且是泛指一切人，以至于我们可以说，它并不指任何人。正是在这种模糊的意义上，大人告诉小孩子"人们(one)不在公共场合掏鼻子"。那一个具体的孩子和那一个具体的使他不舒服的鼻子被放到了一个泛指而匿名的抽象类别之下。虽然如此，这个概念却对儿童的行为举止产生了重大的影响。实际上(这应该使我们掩卷长思)，海德格尔的"人"(*Man*)和乔治·赫伯特·米德所谓的"泛化的他人"(generalized other)具有异乎寻常的相似性。

在海德格尔的思想体系里，"人"(*Man*)这个观念与他探讨本

> 马丁·海德格尔(1889—1976)，德国20世纪最富有创见的思想家，存在主义代表人物之一，代表作有《形而上学导言》《存在与时间》等。

> 何塞·奥尔特加·伊·加塞特(1883—1955)，西班牙著名思想家、哲学家，20世纪西方最重要的知识贵族与公共知识分子之一，现代大众社会理论的先驱，加缪誉之为"尼采以后欧洲最伟大的作家"。

真(authenticity)和非本真(inauthenticity)的观念有关联。所谓本真的存在就是生活在这样一种清醒的意识中:个人的个性是独一无二、不可替代、无与伦比的特性。与此相比,非本真的存在就是在匿名的"人"中失去自我,就是把

> 费德里科·加西亚·洛尔迦(1898—1936),西班牙诗人、作曲家和演奏家,著有《诗篇》《歌集》《吉卜赛谣曲集》等。

自己独一无二的特性拱手出让给社会构建的抽象概念。在面对死亡的方式中,这一点尤其重要。事情的真相是,任何时候死亡的总是单一的、孤独的个体。但社会把每一场死亡放到泛化的类别之下,仿佛这些类别能够减轻死亡带来的恐怖,借以安抚失去亲人者和即将死亡者。有人去世时,我们说:"我们大家终有一死。""我们大家"就是对海德格尔的"*Man*"的精妙的表述。它用来指每个人,因而就不指任何人;我们把自己放在这个抽象的概括之下,借以掩盖一个必然的事实:我们也要死,我们将独个地、孤独地走向死亡。海德格尔本人引用托尔斯泰的小说《伊万·伊里奇之死》(*The Death of Ivan Ilyitch*),认为它以最佳的文学形式表现了面对死亡时的那种非本真的态度。至于本真,我们将以费德里科·加西亚·洛尔迦(Federico García Lorca)的长诗《伊格纳西奥·桑切斯·梅希亚斯的挽歌》(*Lament for Ignacio Sánchez Mejías*)为例,该诗哀悼一位斗牛士的死亡,令人难忘。

　　海德格尔的"人"的观念和我们的社会观的相关性,与其说表现在其规定性意义上,不如说表现在认知性意义上。上文论述人的"自欺"的意义时,我们把社会当作给人提供逃避自由的借口的机制;在说到海德格尔的"人"的观念时,我们把社会当作防御恐惧的机制。社会为我们提供了被我们视为理所当然的结构(也可

以称之为"安然无虞的世界");在这些结构里,只要我们遵守规则,我们就能够得到保护,就不至于受到生存境遇终极恐惧的威胁。"安然无虞的世界"给我们提供常规和仪式,通过这些常规和仪式,我们遭遇的恐惧被组织起来的方式使我们能够平静地去对付它们。

一切过渡礼仪都说明了社会的防御功能。生的奇迹、欲望的神秘、死亡的恐怖——这一切都被精心掩盖起来。在这些仪式小心的引导下,我们跨过一道道门槛,遵循着一个自然而然、不言自明的序列走过人生。我们来到这个世上,都有欲望,都必死无疑;有了这些过渡礼仪之后,我们都可以受到保护,不至于因为这些事件不可思议的神秘而受到困扰。海德格尔的"人"的观念把人的存在提出的形而上的问题封闭起来,使我们能够生活在非本真的想象之中。我们被包裹在黑暗之中,匆匆走过短暂的人生,奔向命定的死亡。"为什么?"这个痛苦的问题几乎是每个人必然要提的问题,一旦意识到自己的境遇,每个人都要提这个问题,只是或早或迟而已;然而,这个问题很快就被社会提供的老一套回答压倒了。社会给我们提供宗教体制和社会仪式,随时供我们使用,使我们能够在这样的问题上松一口气。"理所当然的"世界和社会告诉我们,一切安然无虞,这个世界就是我们的非本真观念的落脚之地。

我们以半夜从噩梦中惊醒过来的人为例。在梦境里,他失去了一切身份和定位感。即使在梦醒那一刻,个人生存和世界存在的现实也像是光怪陆离的梦境,似乎刹那间就会消失得无影无踪,或变得面目全非。他躺在床上,似乎处于形而上的瘫痪状态,觉得自己离刚才噩梦中隐约出现的虚无只有一步之遥。在那个短暂的时刻里,他处在清醒的痛苦之中,似乎闻到了死亡缓慢来临的臭味,以及随之而来的一切寂灭后的虚无。接着,他摸索着找到一支香烟,俗话说,他"回到了现实"。他提醒自己他叫什么名字、家住哪里、有何职业、第二天有何打算。他在房子里踱步,看到他在各个角落里留下的过去和现在的痕迹。他倾听城市的喧嚣。也许,他会叫醒妻子儿女,他们不高兴的抱怨会让他确认自己的身份。不一会儿,他也禁不住觉得自己愚蠢可笑,不再去想刚才发生的事情;他会到冰箱里去找一口东西吃,到酒柜里去拿酒喝上一口,然后倒头又睡,并决心梦想下一次的升迁。

到此为止,我们的一切梳理都很顺利。但梦醒者回归的"现实"究竟是什么样的现实呢?这是社会构建的世界的现实,是那个"安然无虞"的世界的现实。在那个世界里,形而上的问题是可笑的问题,除非它们在理所当然的宗教仪式主义里被捕获、被阉割了。事实上,这个"现实"是非常不牢靠的。姓名、地址、职业和妻子都可能消失。一切计划和安排都可能寂灭。一切住房最终都会空空荡荡。即使终身都没有在身份和行为方面遭遇到痛苦的突发事件,我们最终还是必然要回到噩梦那一刻;在那一刻,我们感觉自己被剥夺了一切名字、一切身份。而且我们深知这一切,这就使我们急匆匆地寻求庇护所的努力带上了一丝非本真的色彩。社会赋予我们名字,因此成为我们防御虚无的盾牌。社会给我们构建了一个世界,让我们在其中生活,使我们不受周围喧嚣的影响。它给我们提供了语言,提供了使这个世界可信的意义,提供了众多声音的平稳的合唱,这样的合唱强化了我们的信仰,同时也强化了我们潜隐的疑问。

我们将在这个略有变换的语境里重申上文对"自欺"的论述。

波将金（Grigory Aleksandrovich Potemkin，1739—1791），俄国军事活动家，女皇叶卡捷琳娜二世的宠臣和情人。他协助叶卡捷琳娜二世在宫廷政变中夺取政权，传说他为了取悦女皇而在她巡游的沿途搭建外观悦目的假村庄。

用海德格尔的"人"的观念来看，社会是生产非本真存在的共谋——这样说不会错。社会的墙壁是竖立在深渊边缘的波将金的村庄（Potemkin's village），墙壁的功能是保护我们，使我们不受惊吓，为我们组织一个有意义的世界，使我们在这个世界里的生命有意义。然而，本真的生存又只能在社会里发生，这也是事实。一切意义都是在社会里传递的。除非生活在社会里，否则人是不能够成其为人的，不论是在本真的或非本真的意义上。一切通向对存在的思考的路径都有其社会定位，宗教、哲学、美学的路径都有其社会定位。社会既可能是逃避自由的借口，也可能是获得自由的机缘；同理，社会既可以埋葬我们的形而上求索，也可以提供形而上求索的形式。在这里，我们再次遭遇关于我们的社会存在的无处不在的两面神悖论。尽管如此，毫无疑问的是，社会为大多数人提供的是借口和波将金的村庄，作为自由之路的

> 两面神（Janus），罗马守护神之一，首尾均逢好运。"杰纳斯"神庙的两扇门分别面向东方和西方，两扇门之间是他的神像，一张面孔年老，一张面孔年轻。一月份既是年终又是岁首，两面神就是用一月"January"命名的。

功能只向少数人开放。即使我们认为,社会里的本真是可能的,我们也不能够说,大多数人真的在利用这个可能性。无论我们的社会定位是什么,环顾四周的一瞥就足以告诉我们,大多数人并没有利用这个可能性。

  谈到这里,我们再次来到伦理问题的边缘,但我们想把对伦理问题的研究再稍微搁置一会儿。但我想在这里强调,正如我们的界定所示,"游离"既有社会学的意义,也有形而上的意义。只有步出被人视为理所当然的社会常规,我们才能够直面人的境遇而不必诉诸安慰人的神秘化的骗人把戏。这并不是说,唯独边缘人或叛逆者才是本真的。但它的确意味着,自由以一定程度的意识解放为前提。无论我们有什么样的获得自由的可能性,倘若我们继续假定,"安然无虞的世界"是唯一可能的世界,那么自由就可能是难以实现的。社会给我们提供了温暖的、相当舒服的洞穴,我们可以和同伴蜷缩在洞穴里,给自己擂鼓壮胆,用鼓声淹没黑暗中传来的豺狼虎豹的嗥叫声;而"游离"是走出洞穴、独自面对黑夜的行动。

第七章 "补记":社会学的马基雅弗利主义与伦理学

（亦名:如何做到谨慎又伪装下去）

经典名句

◆ 马基雅弗利主义,政治的也好,社会的也好,只不过是一种看问题的方式,本身在伦理上是中性的。然而一旦它被毫无顾忌或缺乏同情心的人利用,它就带上了负面的伦理能量。

◆ 社会学知识有利于培育这样的意识:所有人都在为自己的命运抗争;在属于自己的短暂的生命里,人的身份随时受到威胁,显得格外珍贵,人必须要为界定自己的身份而抗争。

◆ 在人生的社会游戏场里,我们可以将悲悯的情怀、适度的承诺和一定程度的喜剧意识结合起来。这就会产生一种与社会相对的姿态,其基础是觉得社会根本是一场喜剧。

◆ 社会学里的马基雅弗利主义和愤世嫉俗的机会主义是决然对立的。马基雅弗利主义能够使自由在社会行动中得以实现。

尼可罗·马基雅弗利(1469—1527),意大利政治思想家、历史学家,近代政治思想的主要奠基人之一。

笔者在其他地方多少探讨过社会学思想里隐含的一些伦理命题。我们的探讨特别涉及一位基督徒关于人的观点,但本书的宗旨里没有向读者兜售作者的宗教信仰的意图。相反,本书旨在邀约读者品尝一些世俗的颠覆观念,单单这一宗旨就足够写一本书,我们不必画蛇添足,用宗教情怀来使众所周知的事实倒人胃口。在这本书的框架内,对伦理问题的讨论也不能不尽量简要。然而,在我们论述中的一些地方,尤其在上一章里,我们在论述的过程中已经触及一些紧迫的伦理问题,所以读者有权要求我们至少做一点表示,看看如何回答这些问题。

上文所述已经足以使我们得出结论:社会学视角并不有助于我们形成登高望远的观点,而是会在一定程度上帮助我们对主日学校和公民教育里对社会现实的解释进行祛魅。我们在上文探讨过社会如戏的观点,更早之前也驻足审视过更加严格的决定论模式,在这两种情况下这一说法都成立。另一种解释是社会犹如狂欢节,以正规的意识形态观点来看,它还不如把社会当作监狱的观点。在这种社会学意义上的祛魅中,马基雅弗利主义存在的可能性是显而易见的。实证主义所梦想的知识总是能够通向权力的观点有一丝乌托邦色彩,尽管如此,清晰的见识有助于获得控制权,这倒是事实。关于社会问题的澄明见识,尤其有助于获得控制权。马基雅弗利深谙其中的奥妙,他向人传授这样的策略。

只有理解游戏规则的人才能够欺骗人。获胜的秘密是不真诚。凡是老老实实扮演自己一切角色的人,也就是不假思索就对未经审查的期待作出回应的人,都不能够达到"游离"的境界。同理,在那些关心保护游戏规则的人看来,这些老老实实的人都不会带来安全问题。我们尝试证明,社会学如何能够成为使人进入"游离"境界的先导,其隐含的意义是如何打败现存的体制。谁也不要匆忙下结论说,这样的抱负在伦理上是应该被谴责的。毕竟,那要看你如何评价体制的伦理地位。如果暴政的受害者背着暴君玩弄一些计谋以逃避迫害,那是不会有人反对的。不过,了解游戏规则的奥妙可能会产生伦理上不祥的后果。至少,一般人对社会科学的不信任至少在一定程度上建立在对这种不祥后果的直觉上,这种直觉虽然没有明说,却是正确的。在这个意义上,每一位社会学家都是潜在的破坏者或骗子,都可能是想象中的助纣为虐者。

本书曾指出,社会科学家和自然科学家一样陷入了伦理困境,近年来有人把原子物理学用作政治手段就充分说明了这样的两难处境。政治上受控制的科学家在铁幕两边努力工作的情景看上去就使人感到不快。物理学家忙于研究世界的毁灭,与之相比,社会科学家被委以较少的使命去获得世人的赞同,因此,反而更值得信任。尽管如此,几乎人人都会同意,我们不能够通过把物理学置于伦理上被谴责的地位来结束这些令人不快的情况。问题并不在于科学本身,而在于科学家所扮演的角色。同理,社会学家及其调动的力量也不能被置于这一地位,虽然和自然科学那恶魔般的武库比较而言,社会学家那几手雕虫小技只能是小巫见大巫。

马基雅弗利主义,政治的也好,社会的也好,只不过是一种看问题的方式,本身在伦理上是中性的。然而一旦它被毫无顾忌或缺乏同情心的人利用,它就带上了负面的伦理能量。弗里德里克·梅内克(Friedrich Meinecke)在他论政治马基雅弗利主义的历史中令人信服地阐明,从这位伟大的讨论国体问题的意大利诊断师的本意来看,国家理性(raison d'état)本可以和最严肃的伦理关怀结合起来。社会学的马基雅弗利主义也可以进行这样的结

> 弗里德里克·梅内克(1863—1954),德国史学家,著有《世界主义与民族国家》《历史主义的由来》《马基雅弗利主义》等。

合。比如,马克斯·韦伯的生平就给人客观的教益,使我们看到,无情的社会学知识可以和为实现道德理想而进行的小心求证结合起来。但这不能够改变马基雅弗利思想被用作卑劣工具的可能性;一旦它落入不人道的家伙的手里,一旦它落入效命权势者的鼠辈手中,它就可能成为不祥的工具。在美国,社会学知识为政治宣传、军事规划服务的情况已经令人脊背发凉。在极权主义的社会里,社会学知识的应用可能会变成一场噩梦。社会学在当代工业管理、公共关系和广告里的应用也不是道德上的美景。许多社会学家并不认为这样的应用产生了道德上的问题,这个事实本身就足以证明,社会学视角本身不会使人具备道德上更高水平的敏锐性。再者,愤世嫉俗的研究者有时比小心翼翼、道德上虚弱的同行有更加精确的发现,这是因为后者在研究过程中可能会畏首畏尾、止步不前。我们甚至不能自欺欺人地认为,更加关注

道德问题的社会科学家往往是更加优秀的社会科学家,其科研能力更强。

索伦·克尔恺郭尔(1813—1855),19世纪丹麦著名宗教哲学家,存在主义哲学创始人,著有《恐惧的概念》等。

在这方面,指出社会学知识本身可能成为"自欺"的载体,那是很有趣的。当社会学知识成为责任的托词之时,就会出现这样的局面。在第一章探讨社会学家的形象时,我们已经指出这种可能性——社会学家可能成为冷漠、不承担责任的旁观者。比如,一位南部社会学家初出茅庐时,可能抱有强烈的个人价值判断,他评判南方的种族制度,而且他寻求用社会行动或政治行动的方式来表达这样的价值判断。然而假以时日,等到他成了专家之后,他就会以社会学家的身份来谈种族问题。此时,他自认为真正懂得了种族制度。在这种情况下,对于道德问题他会采取一个不同的立场,他成了冷峻而科学的评论员。这位社会科学家认为他的理解应该是他与种族问题的全部关系,他应该使自己摆脱个人介入科研的行为。在这样的情况下,科学的客观性和人类道德介入的主观性之间的关系,可以用克尔恺郭尔(Søren Kierkegaard)为黑格尔思想打的比方来描绘。他说,你修建一座雄伟壮丽的宫殿,使之成为世人瞻仰的奇观,但你继续住在宫殿旁边的陋室里。重要的是强调指出,科学中立的角色在道德上是无可指责的,而且在有些情况下,即使介入很深的社会学家也可能觉得,这正是他能够作出最大贡献的角色——这样的情况是很可能要出现的。他中性的角色取代了个人的角色并构成了他作为社会学家的全部存在后,道德问题就出现了。在这种情况下,你就有资格评论"自欺"的角色了,当然那是萨特意义上的"自欺"。

我们向批评社会学的人让步——的确有理由说明社会学具有真正的道德关怀。然而我们也认为,有一些重要的道德问题是直接扎根在社会学判断中的。必须立即指明,我们不能够接受或复活法国社会学里由孔德提出、迪尔凯姆继承的那种希望,大意是说:社会科学能够推出一种客观的道德[法国人所谓的"道德科学"(science des moeurs)],并在此基础上确立一种世俗的问答形式来表述客观的道德。这样的希望在美国得到很多人的唱和,但他们一定会以失望告终,因为他们未能理解科学判断与道德判断的根本区别。科学方法既不能发现何为美好的生活,也不能把自由当作经验现象来研究。如果指望科学完成这样的盖世奇功,那就是误解了科学特有的精神。随之而来的失望使人更加难以看到,科学精神能够在哪里作出真正富有人情味的贡献。

相反,我们主张社会学能够使人在养成对社会现实的看法时受到一定的教化(humanization)。我们这样说的时候持相当谨慎的态度,因为我们在上文里承认,这并不是社会学研究必然产生的结果。不过,如果你接受上述各章里论社会学视角的观点,这个教化的过程至少在思想上是真实可信的。社会学对社会问题的理解反复遭遇社会体大笨重、难以把握的窘境。我们重申,社会界定人,人反过来又界定社会。这个悖论从根本上触及人的境遇。假如说这个社会学观点根本不具有伦理意义,那才是咄咄怪事;除非伦理完全脱离了人生存的经验世界,否则社会学观点不具有伦理意义的假设就不能成立。

我们所谓的教化可以用三个例子来说明。事实上,这三个例子具有典范的意义,它们是种族问题、同性恋问题和死刑问题。在这三种情况下,我们都可以看到,社会学认识对相关问题做出了客观的澄清,只不过是在肤浅的层面上。事实上,社会学家在这个层次上对这三个问题都作出了重要的贡献。在揭穿种族神话的过程中,社会学家的贡献至关重要,他们暴露了这些信仰的神话性质和剥削功能,清楚地揭示了种族制度在美国社会里运转的情况,进而提出了有效改造这个制度的一些思想。在同性恋问题上,社会学家倾向于让心理学家和心理治疗专家去解释这种现象;但他们积累了大量的资料,显示同性恋的分布和社会组织;由此,他们批驳同性恋的道德定义,也即认为同性恋并非一小撮道德败坏者的恶习,并以严肃、认真的态度在有关同性恋的法规后面打上问号。在死刑方面,社会学家的结论令人信服地证明,死刑并不像人们设想的那样能对犯罪构成威慑,废除死刑不会导致主张死刑者预言的可怕后果。

毫无疑问,在涉及这些问题的公共政策上,社会学作出了重要的贡献,使决策者以明智的态度行事。这些贡献足以说明,社会学家断言他们的活动具有道德价值是有道理的。不过,我们还要指出,在以上三种情况下,社会学还能够作出更加深层的贡献,这个贡献和我们所谓的教化有关,它直接植根于上文探讨过的社会学对社会现实的认识的悖论。

社会学证明,人是由社会界定的;它又证明,人竭力使自己有别于社会的界定,试图以自己挑选的方式呈现不同的生存方式,尽管他的努力虚弱无力、犹豫不决，有时却又是热情奔放的。社会学揭示，社会给人界定的一切身份都是极其不稳定的。因此，我们理解的社会学视角本质上和以下观点是格格不入的：人可以和社会赋予他的身份画等号。换句话说，社会学家非常清楚舞台管理那一套机制，他不会被舞台上的表演蒙蔽。他熟悉演员表演的技巧，演员们凭借这种技巧为特定角色穿上特定戏装进行表演，所以要他给演员的面具赋予本体论的地位，那是很难的。因此，社会学家难以接受给人贴标签的分类范畴，他不会接受诸如此类的名号："黑人""白人""高加索人"以及"犹太人""非犹太人""美国人""西方人"等。一旦这些名号以这样那样的方式、以或多或少的恶意被赋予了本体论的含义，它们就成为"自欺"的手段。社会学使我们认识到，"黑人"是社会给一个人的名号，这个名号释放出来的压力使他按照指定的形象改造自己；不过与此同时，这些压力是任意的、不完全的，最重要的是，它们又是可以逆转的。

只按照"黑人"的身份和一个人打交道是"自欺"的行为，无论对种族主义者还是开明人士来说都是这样。实际上值得强调的是，和他们的政治对手一样，开明人士也常常陷入"理所当然"这一观念所营造的虚幻意境，只不过他们给这些虚幻观念赋予的价值和种族主义者刚好相反。就此而言，接受负面名号的人很容易接受压迫者杜撰的范畴，只不过他们把贴在自己身上的标签由负号变成了正号。犹太人对反犹主义者的反应是说明这个过程的经典案例。一般地说，犹太人只是简单地把贴在反犹范畴上的标签颠倒过来，以此来反向定义他们的身份，而不是从根本上去挑战这些范畴。回头再说黑人的例子，他们对付种族主义的办法往往是强行用自己的"种族骄傲"去取代过去遭受的屈辱,从而反向构建(counterformation)起一种黑人种族主义,但这种种族主义只不过是白人种族主义原型的一个影子而已。与此相反,社会学阐明,"种族"概念本身首先是一种虚构,也许它有助于使我们看清真正的问题是如何成为人。这并不是否认,上面提及的反向构建形式在使人组织起来抵抗压迫方面能够起到一定的作用;和其他神话一样,反向构建形式也有某种政治合法性。尽管如此,由于这些反向构建形式植根于"自欺",由于它们具有腐蚀力,它们最终会使人付出代价,因为在痛苦之中获得"种族骄傲"的人发现,他们得到的东西原来是充饥的画饼。

由此可见,社会学有助于产生难以和种族歧视调和的生存姿态。遗憾的是,这并不意味着它排斥种族歧视。不过,坚持种族歧视的社会学家采用的种族歧视是加倍的"自欺":一种是作为任何种族歧视必要成分的"自欺";一种是他自己独特的"自欺",据此,他们把自己的社会学认识和自己的社会存在加以区隔。还有一些社会学家不区隔自己的精神生活和社会生活,他们认识到炮制社会范畴的方式是不太可靠的,他们采取的道德立场和政治立场不会僵死地锁定在一套范畴上,他们也不会始终认真地对待这些范畴。换句话说,他们对社会赋予人们的一切身份,包括他自己的身份,采取半信半疑的态度。

同样的逻辑适用于对同性恋的分析。被当代西方人视为理所当然的对待同性恋的态度存在于社会习俗和法律中,其根据是这样一个假设:性角色是造化赋予的,一套性行为模式是正常的、健康的、可取的,另一套性行为模式是不正常的、病态的、可恶的。在此,社会学的认识同样不得不在这个假设的后面打上一个问号。不稳定是整个社会结构的标记之一,性角色同样构建在不稳定的结构之上。性行为的跨文化比较使我们深刻认识到,在这个领域里,人们能够组织生活的方式几乎是无穷无尽的。一种文化里正常的、成熟的性行为在另一种文化里可能就是病态的、退化的性行为。当然,性角色理解上的相对性并不至于使人找不到对自己来说合乎道德的行为方式。如果把相对的客观性当作借口,认为它是人生关键时刻主观上必需的决策,那就是"自欺"的又一个例子。比如,既充分认识人们组织性行为方式的相对性和非稳定性,同时又绝对忠于自己的婚姻,这种两者兼顾的做法是可能的。然而,个人信守的观念未必需要本体论上的支撑。个人敢于决策和行事,并不需要把决策的包袱推给天性和必然性。

和种族偏见或歧视一样,对同性恋者的迫害也起到"自欺"的作用。在这两种情况下,被歧视群体的负面形象使歧视者虚弱的身份得到巩固。正如萨特对反犹主义的描绘所示,人们确定并仇恨一个与自己对立的形象,借以使自己的身份合法化。白人歧视黑人,借以确认自己有权鄙视黑人的身份。与此相似,男人唾弃同性恋,借以使自己相信自己令人生疑的性能力。如果说当代心理学证明了什么,那就是性行为方式中男子气包含的综合因素,也就是说,情圣巴比特(Babbitt)在迫害异端性行为时也喜欢扮演托尔克马达(Tomás de Torquemada)的角色。你不必学习高深的心理

> 巴比特,美国小说家辛克莱·路易斯(Sinclair Lewis,1885—1951)同名小说主人公,典型的资产阶级市侩。

> 托尔克马达(1420—1498),西班牙多明我会教士,1487年被教皇英诺森八世任命为西班牙第一任宗教裁判所总裁判官,任职期间以火刑处死异端分子约两千人。

学知识也能够感觉到,在这些男人粗鲁的行为背后潜藏着他们不寒而栗的恐惧。迫害行为里的"自欺"和其他地方的"自欺"有相同的根子——逃避个人可以选择的自由,包括个人想要一个男人而不是一个女人的令人惊恐(无论如何使迫害者惊恐)的自由。同样需要指出的是,认为社会学家不会表现出这种非本真的倾向,那也是很天真的。不过我们再次重申,社会学家在这些问题上的视角既使他们持具有相对性的观点,又使他们具有人情味。社会学的认识使他们对这样的社会观念机制持怀疑态度:社会把光明分配给一些人,把黑暗分配给另一些人(包括略微修补后把黑暗和"病态"画等号的现代机制)。社会学知识有利于培育这样的意识:所有人都在为自己的命运抗争;在属于自己的短暂的生命里,人的身份随时受到威胁,显得格外珍贵,人必须要为界定自己的身份而抗争。

死刑是"自欺"和不人道结合的典型。从美国仍然在实行的死刑看,这个可怕程序的每一步都是"自欺"的行为,在这种行为中,由社会构造的角色被人当作个人怯懦和残忍的借口。检察官声称,在履行自己严肃的职责时不得不压抑自己的同情心,陪审团和法官也是如此。在法庭上演出的大戏里,在对死刑案件进行审理的过程中,为被告的死刑做准备的每个人的每一次行为都是一次欺骗——也就是说,他不是以个人的名义行事,而是以他被赋予的角色的名义行事,而且他这个角色是法律那幢虚拟大厦分配给他的角色。这一欺骗贯穿始终,直至这场大戏的最后一幕,直到执行死刑的那一刻。在这个过程中,宣判的法官、旁观的民众、行刑的法警都受到那幢虚拟大厦的保护,都不必为此而承担个人责任,因为行为者不是他们自己,而是代表"法律""国家"或

"人民意志"的匿名的存在物。这样的虚拟颇具吸引力,以至于人们同情那些可怜的典狱官或狱警,因为他们"不得不"履行公务做这些残酷的事情。这些人的借口是,他们"别无选择",其实一切"自欺"都建立在这些基本的谎言的基础上。这些借口和纳粹体制中恐怖的屠夫官员在供词中提出的借口,只有量的区别。为死刑的必然性辩护的法官在说谎,正如执行死刑的典狱长在说谎或不愿缓期执行死刑的州长在说谎一样。事情的真相是,法官可以辞职,典狱长可以不服从命令,州长可以为人道而抵制法律。极刑里表现出来的"自欺"的噩梦性质并不在于它欺骗程度的深浅(其他欺骗也可有一比),而是在于它欺骗的作用——以不折不扣的兽性杀死人,而且它杀人的方式没有使任何人觉得应该对此负责任。

马丁·布伯(1878—1965),奥地利裔犹太学者和哲学家、《圣经》翻译家,著有《我和你》等。

当代许多人相信,极刑是极端不人道的,超过了文明社会道德上可以忍受的极限。这来自于一个人生境遇的观点,即毫无疑问,人是不能和社会学的视角画等号的。该信念的基础是承认何为人道、何为"反人类"。"反人类"一语是借用马丁·布伯(Martin Buber)的话,他惋惜阿道夫·埃

> 阿道夫·埃希曼(1906—1962),德国战犯,第二次世界大战期间参与灭绝犹太人,被控犯下反人类罪,战后逃往阿根廷,被以色列人逮捕并处以绞刑。

第七章 "补记":社会学的马基雅弗利主义与伦理学 187

希曼（Adolf Eichmann）被处死的言论颇为雄辩。该信念是在人生境遇下的同一选择：在某些极不情愿的条件下，选择杀人是被允许的，但酷刑是绝对不能允许的。

总之，这种信念认为，极刑是酷刑。对人类生存境遇的这种理解何以出现，这里并非探讨之地。这一原因肯定不能归于社会学。不过，我们可以给社会学一个比较适当但有价值的任务。社会学知识本身不可能成为一所怜悯的学校，但它可以揭开通常掩盖残酷的神秘面纱。社会学家认识到，一切社会结构都是人的发明，充满虚构与欺骗。他也会发现，其中一些常规自有用处，他无心加以改变。然而，当这些常规成为杀人的工具时，他就有话要说了。

也许，上文所述足以显示，如果有类似社会人类学（sociological anthropology）的学问，那么社会学人道主义（sociological humanism）也是存在的。显然，社会学本身并不会导致人道主义，正如它不足以产生令人满意的人类学一样（我们上一章的论述已经清楚说明没有这种可能性）。然而，社会学的认识可以成为生命意义的重要组成部分，这样的感知是现代独有的，有独特的怜悯之心，可以成为真正的人道主义的基础。社会学能够为之作出贡献的人道主义不会轻易举旗，扛大旗会被人疑为太热心、太自信。这样的人道主义中有一丝不安，不那么肯定，有几分犹豫，因为它意识到自己的不稳定性，因而在作出道德判断时带有几分谨慎的口吻。但这并不意味着，社会学在它涉及人类生存的基本洞见中不可能表现出奉献的激情。事实上，上述三个问题就是需要社会学热情投入的主要指针。当法庭使被告由于种族身份或性行为取向而失去尊严时，当宣判处死被告时，社会学的人道主义就成了抗辩、抵制和反叛的力量。当然,另一些时候,怜悯可以成为出发点,能够反叛靠神话支撑的不人道的制度。然而大多数时候,在较少涉及人类尊严的问题上,我们在这里论述的社会学人道主义可能会采取一个更加具有讽刺意义的姿态。本章结尾时就这一点说几句话看来是水到渠成了。

　　社会学的知识使人产生相当程度的清醒意识。获得清醒意识的人使保守运动和革命运动都遭遇风险。之所以使保守运动遭遇风险,那是因为这种人不具备现行意识形态所要求人必须具有的轻信态度;之所以使革命运动遭遇风险,那是因为他们对乌托邦神话持怀疑态度,而这些神话是培育革命者的必要条件。他们在目前和未来的政权里都派不上用场,不过,无用武之地未必使他们采取格格不入的愤世嫉俗的态度。诚然,导致这样的后果是有可能的。而且我们的确在年青一代的美国社会学家中看到了这样的立场。年轻的社会学家不由自主地对社会作出激进的诊断,却又没有能力践行激进的政治责任。这使他们以受虐待狂的姿态去崇拜揭黑幕的人,此外他们就无路可走;这些暴露社会弊端的人使彼此相信事情已经糟糕到了极点。我们认为,这种愤世嫉俗的态度本身是幼稚的,其根源常常是缺乏历史视野。人们可以轻信并顺从现存社会制度永恒的观念,可以轻信并期待即将来临的社会制度,因此愤世嫉俗的态度并非唯一的选择。

　　我们认为,从社会学认识中产生的另一个选择是非常可行的。也就是说,在人生的社会游戏场里,我们可以将悲悯的情怀、适度的承诺和一定程度的喜剧意识结合起来。这就会产生一种与社会相对的姿态,其基础是觉得社会根本是一场喜剧。在这场喜剧里,人们纷纷登台亮相,身穿花哨的戏剧服装,变换头顶的帽子,改变自己的名号,用手里的棍子互相敲打,或者让同台亮相的演员相信,自己手里握有棍子。这种滑稽的视角并不忽视这样一个事实:实际上不存在的棍子也可以使人真的流血,但这样的事实不会使人把波将金的假村落当作上帝之城。如果你把社会当作喜剧,你骗人时就不会犹豫;如果欺骗能够减轻生活的痛苦或使之显得更加光明,你更不会犹豫不决。除非游戏规则保护活生生的人,除非游戏规则培育真正的人的价值,否则你就会拒绝认真对待游戏规则。由此可见,社会学里的马基雅弗利主义和愤世嫉俗的机会主义是决然对立的。马基雅弗利主义能够使自由在社会行动中得以实现。

第八章　作为人文学科的社会学

经典名句

◆ 社会学尤其不能够采取唯科学主义的不苟言笑的僵化态度,唯科学主义对社会景观中滑稽的现象视而不见、听而不闻。如果社会学家抱这样的态度,他固然可以获得安全可靠的研究方法,但他却会看不见气象万千的世界,而探索气象万千的世界才是他本来的目的。

◆ 如果社会学家规避唯科学主义,他就能够发现社会科学和自然科学方法固有的人性价值。这样的价值包括:在无限丰富的研究对象面前抱谦虚的态度,在求解过程中使自己不被注意,在方法上力求诚实而精确,对通过诚实方法得到的结果表示尊敬,耐心并甘心被证明有错误,耐心并甘心修正自己的理论,最后但并非最不重要的是,愿意让他人分享这些价值。

西格蒙德·弗洛伊德(1856—1939),奥地利犹太心理学家、精神病医师、精神分析学派创始人。

从一开始,社会学就自认为是一门科学。本书开篇不久就探讨了这种自我理解的方法论后果。在本书结尾时,我们关注的不是方法论,而是社会学这一学科里隐含的人文意义。在前面几章里,我们试图描绘社会学视野何以有助于洞悉人的社会存在问题。在上一章"补记"里,我们简略地考问了这种视野中潜隐的道德命题。在这一章里,我们再次审视作为一门学问的社会学,看看在由众多学科组成的社会游乐场里,它所在的这一隅里的学问。

自然科学家在治学过程中表现出一种游戏的情怀,这是许多社会学家可以向他们学习的重要本领。总体上看,由于岁月的积累,自然科学家在一定程度上对研究方法抱世故的态度,所以他们看到,研究方法是相对的,其范围是有限的。然而,社会科学家尚在一本

> 伏都教,加勒比海地区的一种原始宗教,尤其流行于海地。

正经地对待社会学,不苟言笑地使用"经验""数据""有效性"甚至"事实"这些术语,就像伏都教(voodoo)巫师珍惜他们的精灵一样。社会科学正在从热情奔放的青春期进入圆润成熟的壮年期,我们可以指望,社会科学在成长过程中也会以游戏的态度与其所玩的游戏拉开一定的距离,事实上我们已经看到了这种若即若离

的超然态度。你可以把社会学理解为许多游戏之一种,社会学固然重要,但它难以对人生作出盖棺之论。由此对于他人的认识论成就,你不但能够表示宽容而且能够产生兴趣。

社会学在自我理解的过程中逐渐走向圆润成熟,这本身就具有重大的人性意义。甚至可以说,学科领域里就存在着对自身的质疑,这种具有讽刺意义的质疑态度本身就是它人文主义特征的标志。对社会科学而言,这种态度尤其重要,因为社会科学研究的是特别滑稽荒唐的现象,这些现象构成了社会这样一出"人间喜剧"。实际上可以说,如果社会科学家没有感觉到社会现实的喜剧性质,他就看不到社会的基本特征。除非你懂得政治是一场骗局(confidence game),否则你就不可能懂得政治;除非你把社会分层体系的本质看成是一场化装舞会,否则你就不可能懂得社会分层;除非你记得童年时戴上面具说一声"嘘"就可以把小伙伴吓个半死,否则你就不可能从社会学的角度去体会宗教制度的意义;除非你知道性爱的基本性质是滑稽歌剧,否则你对性爱就可能一窍不通(对一脸严肃的年轻社会学家而言,这一点特别值得强调;如果他们讲授"求爱、婚姻和家庭"的时候不苟言笑,那就太不合适,因为这个领域的方方面面和人体的某一部位都有千丝万缕的联系,面对这一部位你实在是难以一本正经);而除非一个社会学家记得起儿童小说《爱丽丝漫游奇境记》里女王的司法制度,否则他就不可能懂得法律。毋庸赘言,这几句话不是要诋毁认真的社会研究,而仅仅是说,有些洞见只能够在笑谈之中获得,而认真的社会研究能够从这些洞见中获益良多。

社会学尤其不能够采取唯科学主义的不苟言笑的僵化态度,唯科学主义对社会景观中滑稽的现象视而不见、听而不闻。如果社会学家抱这样的态度,他固然可以获得安全可靠的研究方法,但他却会看不见气象万千的世界,而探索气象万千的世界才是他本来的目的——这样的命运和失落的魔术师可有一比。魔术师找到了打开魔瓶的诀窍,把有魔力的精灵放了出来,可是他忘记了希望精灵为他做什么。反过来,如果社会学家规避唯科学主义,他就能够发现社会科学和自然科学方法固有的人性价值。这样的价值包括:在无限丰富的研究对象面前抱谦虚的态度,在求解过程中使自己不被注意,在方法上力求诚实而精确,对通过诚实方法得到的结果表示尊敬,耐心并甘心被证明有错误,耐心并甘心修正自己的理论,最后但并非最不重要的是,愿意让他人分享这些价值。

　　社会学家采用的科学方法中隐含着社会学的一些独特价值。其中之一是仔细研究其他学者可能认为平淡无奇、不值得作为科学研究对象的事情,你可以把这个价值称为社会学方法中兴趣的平民化焦点。人的一切所作所为都能够成为社会学研究的重要课题,无论那种现象是多么的平淡无奇。另一个独特的固有价值是社会学家需要仔细倾听他人的倾诉而不必提出自己的意见。如果社会学家想要做经验研究,他就必须要学会倾听,静静地听,全神贯注地听,这是他必须要学会的艺术。一般地说,倾听不过是一种研究技巧,你不能夸大倾听的意义;然而,倾听里至少潜藏着一定的人性化意义,因为在我们这个神经紧张、偏爱饶舌的时代里,几乎没有人愿意抽出时间去专心致志地倾听别人的意见。社会学最后一个独特的人性价值是社会学家承担着对自己的发现作出评价的责任;在他心理上能够承受的范围内,他的评价不能顾及自己的偏见、好恶、希望或畏惧。当然他承担的这种责任和其他科学家是一样的,但由于社会学深深触及人的情感,所以社会学家做起来就特别困难。显然,这个目标并非总是能够实现,但社会学家的努力中包含着道德寓意,切不可等闲视之。社会学家倾听别人倾诉时,他不会即刻作出孰优孰劣的判断。你可以做一番比较,比较他倾听中的人性关怀和规定性学科的研究方法;在神学和法学等规定性的学科中,人们常常感受到一种压抑不住的冲动,总想要把宏大的现实挤压进狭窄的个人价值判断框架里。相比之下,社会学关怀的道德意义就更加令人动心。另外,比较而言,社会学与笛卡儿对"清晰而分明的感知"的诉求是一脉相承的。

以上的人性价值是社会学研究所固有的科学价值,此外,社会学的其他一些特征又使之接近人文学科,虽然这些特征并不能使之完全与人文学科同属一类。在前面几章里,我们用心解释它的人文学科特征;概而言之,我们可以说,社会学毕竟和人文学科的主要研究对象息息相关,这个研究对象就是人的境遇。在人的存在里,人的社会存在是关键的一维;所以,社会学反复研究的根本问题是,人之为人有何意义,作为具体情景里的人又有何意义。可惜,科学研究零散的工具和社会学缺乏生气的术语把这个根本问题搞得朦朦胧胧;社会学渴望使自己的科学地位合法化,结果就搞出了这套苍白无力的术语。不过,由于社会学的数据来自于最近距离的活生生的人生精髓,因此社会学研究的根本问题一次又一次地渡过危难而安然无恙;至少对敏于洞察研究对象的人性意义的社会学家来说,社会学研究的根本问题没有受到伤害。已如前述,社会学家的敏锐性并不是适当的专业修养(比如对音乐和美食的鉴赏能力)之外一个无所谓的问题,而是直接关系到他的社会感知能力。

如果这样去理解社会学的人性地位,那就意味着开阔的心胸和广阔的视野。应当承认,在获取这种姿态的同时,构建社会体制的严密封闭的逻辑可能会受到伤害。我们自己的论述就可以尴尬地说明这种脆弱性。本书第四章"人在社会"和第五章"社会在人"的推理过程有可能在逻辑上陷入唯社会学主义(sociologism)的理论体系(这一体系始终排他性地用社会学术语去解释一切人类现实,在自己的保留区里不承认其他的因果因素,不允许因果关系构建中有任何漏洞)。唯社会学主义的理论体系一清二白、整整齐齐,甚至有令人愉悦的美感。其逻辑是单向度的、封闭的。对许多条理清晰的头脑而言,这种思想大厦相当诱人;这种吸引力从一开始就表现在各种形式的实证主义中。弗洛伊德主义的根子就颇像唯社会学主义。在展开社会学论述的过程中,如果偏离了看似强制性的唯社会学主义的结论,想必会给人留下这样的印象:研究者的思想不合逻辑、不严丝合缝。在第六章"社会如戏"里,我们的论述方式略有后退,这可能会使读者产生不合逻辑的感觉。这一切不足之处我们都可以爽快地承认——但我们要立即争辩说,这里的不合逻辑并不是由于研究者的推理不合常理,而是由于生活本身的悖论和多样性,而他承诺要研究这样的生活。社会学具有对无限丰富的人类生活的开放性,这使唯社会学主义的沉闷结果难以为继,迫使社会学家在他封闭的理论图式的高墙里容许"漏洞",这些"漏洞"使他能够感知到其他可能的视野。

社会学人文视野的开放性使之能够和其他学科不断进行交

流。在其他的学科中,历史和哲学是探索人的境遇的最重要的学科。如果能有一些历史学和哲学方面的素养,社会学界尤其是美国社会学界的一些愚蠢之举,本来是很容易避免的。由于气质或职业专业化的关系,大多数社会学家关心的主要是当代的事件,然而,如果不考虑历史维度,那就不仅有悖于文明人的古典西方理想,而且也有悖于社会学推理本身,即关于预先定义的核心现象那一部分。以人文主义的视角来看社会学,如果社会学本身不是一门历史性学科的话,那么它与历史学则构成一种共生的关系(社会学从属于史学的观念在欧洲非常普遍,但对大多数美国社会学家还很陌生)。至于哲学素养,它不仅能够防止有些社会学家方法论上的幼稚病,而且有利于社会学家充分把握自己想要研究的社会现象。社会学家从完全非人文的源头借用了统计分析等研究手法,我们主张的人文素养绝不是对这些研究方法的诋毁。然而,如果这个借用过程以人文主义意识为背景,我们的借用将更加高明,而且(也许可以说)更加有教养。

人文主义观念和文艺复兴以来的思想解放关系密切。上文的论述业已充分证明,社会学在人文主义传统里占有一席之地是名正言顺的。不过在本书结尾时,我们可以问,美国的社会学研究(本身已经成为一个社会制度和一种专业领域的亚文化)如何才能完成这个人文主义使命呢?这不是新问题,许多社会学家曾经尖锐地提出过这个问题,这些社会学家包括弗罗里安·兹纳涅茨基(Florian Znaniecki)、

> 弗罗里安·兹纳涅茨基(1882—1958),波兰社会学家、波兰农民文化权威,游学欧美,著有《欧洲和美洲的波兰农民》《社会学的方法》《现代民族》等。

> 罗伯特·林德(1892—1970),美国社会学家,与其妻海伦·梅瑞尔·林德(Helen Merrell Lynd, 1896—1982)合著《中镇》丛书。

> 爱德华·希尔斯(1910—1995),美国杰出的教育家、编辑和社会学家,著有《文明美德》《传统》《马克斯·韦伯论社会学研究方法》等。

罗伯特·林德(Robert S. Lynd)、爱德华·希尔斯(Edward Shils)等。然而,在本书的探讨结束之前不忽略这个人文主义问题是至关重要的。

如果一位炼金术士被掠夺成性的王子关起来,而王子不但想要黄金,而且想要迅速得到黄金,那么即使他想展示点金石(Philosopher's Stone)那崇高的象征意义,他也得不到什么机会。许多社会学家应聘在政府机构和工业部门里工作,他们大致也陷入了这样的境地。如果社会学研究的项目是如何给轰炸机配置最佳的机组,是发现诱使梦游似的家庭妇女在超市里选购发酵粉的外在因素,是建议人事部门用什么最佳手腕去瓦解工会的影响,那么,要把人文主义的视野引入社会学研究就不容易了。受雇于这些有用的活动的社会学家也许能够以令自我满意的方式证明,应用这些技巧没有什么道德问题,然而如果要把他们的应用研究当作富有人文关怀的事业,那就需要在意识形态的构建上大做文章。另一方面,你也不能匆匆忙忙把这种应用研究里的人文关怀一笔勾销;在政府和产业界的应用里,社会科学还是有可能强调人文关怀的。比如,社会学家在公共卫生、福利规划、市政再开发等领域的地位,在根除种族歧视的政府机构里的地位,都能够防止我们匆忙断定:如果为政府工作,社会学家必然成为没有灵魂的政治实用主义的俘虏。即使在产业界,我们也有充分的理由证明,最明智、最有前瞻性的管理(尤其在人事管理领域)也从社会学的贡献里获益良多。

如果可以把社会学家当做马基雅弗利主义者,那么他的才能既可以为邪恶的事情服务,也可以为解放人的事业服务。如果我们容许一个富有色彩的比方,你就可以把社会学家想象为社会感知的"雇佣兵"。有些"雇佣兵"为压迫者卖命,另一些"雇佣兵"为解放者奋斗。如果你既看美国国内的情况,又看国外的情况,你就有充分的理由相信,在当今世界有后一种社会学家的用武之地。对于被互相冲突的狂热撕裂的人而言,社会学家像马基雅弗利主义者那样拉开距离看社会所作出的贡献并不是微不足道的。互相冲突的狂热有一个重要的共同点:它们有关社会性质的意识形态是浑浑噩噩的。以人的需求为动机,而不是以宏大的政治纲领为动机;有选择地、适度地奉献力量,而不是为极权主义的信仰去牺牲;既怀抱同情心又持怀疑态度;不抱偏见去谋求理解——所有这一切都是社会学在研究人的生存境遇时可以做到的,在当代世界的许多情景里,这些可能性的重要性怎么言说也不过分。如此,社会学还可以获得政治相关性方面的尊严,这不是因为它自己有什么特定的政治意识形态能够提供,恰好是因为它不具有这样的意识形态。一些人对当代狂热的政治末世论感到幻灭,对这些人而言,社会学会大有助益,因为社会学能够指出既参与政治又不必牺牲灵魂和幽默感的可能性。

然而在美国,大多数社会学家仍然在学术机构里供职,而且在可预见的未来,这样的情况将继续维持下去。因此,关于社会学的人文主义潜力的任何反思都必须要直面大部分美国社会学研究置身的学术语境。有些学界人士认为,只有那些从政治经济组织里获取薪水的人才耍肮脏的手腕,这是一个荒谬的观点。这是用来使学界人士地位合法化的意识形态。首先,如今科研经费的性质使学术界本身充斥着外来组织的实用主义利益。即使许多社会学家没有机会捞到在政府和企业中能够轻易获得大量钱财的肥差(这多半使他们极其懊恼),学术机构的行政领导所熟悉的那一套"挪用专款"(更难听的说法是"进出不记账")的伎俩也能够确保,即使深奥的学术研究也可以从那些肥差的残汤剩水中得到营养。

然而,即使一个人专心致志地做学问,他也没有理由对在学术机构里供职的社会学家的研究嗤之以鼻。大学里的恶性竞争之野蛮常常比广告界众所周知的竞争有过之而无不及,只不过这样的恶性竞争被罩上了一层烟幕,外表上看起来具有学者的彬彬有礼,仿佛是在献身教育事业的理想主义。你在一所三流的专科学院里供职十年后才跳出来,进入了一所有名望的大学;或者你在一所有名望的大学里拼搏了十年才晋升副教授;此时,你身上的社会学人文关怀冲动恐怕也受到压抑、消磨殆尽了,和那些在非学术性机构里工作的人可能也差不多了吧。你要撰写那种有机会在恰当的地方发表的东西,你努力会见那些接近学术赞助机构的人,你会以政治热情去填充履历,你付出的心血不会亚于追逐权力的年轻的行政人员。你暗地里会讨厌自己的同事和学生,像同室囚犯那样憎恨他们。学术界的孤芳自赏就讲到这里。

实际情况是,倘若社会学具有人文关怀的性质,哪怕是由于统计数字的原因,这种性质也必然要在学术环境中表现出来。我们认为,虽然我们刚才说了一些大不敬的话,但事情可能就是这样的。大学和教会一样,也容易受到外界的诱惑。和神职人员一样,大学教师由于禁不住诱惑也会形成负罪心理。按照西方古老的传统,大学是自由之地、真理住所,这个传统是用墨水和鲜血换来的,在不安的良心面前,它不得不重申自己的追求。在这个坚持不懈的学术传统中,社会学的人文冲动在当代情景中找到了自己的生存空间。

在这个方面,研究生院和本科教学面临的问题显然是有区别的,研究生院关心的是培养新一代的社会学家,本科教学则是另一回事。研究生院的问题相对容易。本书作者自然觉得,在研究生院中形成的社会学观念应该在未来社会学家的"养成"(formation)中找到位置。上文所论社会学的人文视野显然是针对研究生的课程设置说的。这里不适合展开论述。我们认为,为了人文素养而适当牺牲技术性的专业主义是我们要走的路子。显然,你对社会学作为一门学科的想法决定着你关于如何培养社会学家的观点。然而,无论你的社会学观点是什么,与它相关的学生毕竟数量有限。所幸的是,并非每个人都能成为羽毛丰满的社会学家。也许读者会接受我们的看法——羽毛丰满的社会学家不得不付出失去幻想的代价,他不得不到一个依靠神话支撑的世界里去寻找自己的路子。我们已经就此用去不少篇幅,足以说明我们相信成熟的社会学家能够走出一条路。

本科教育显然是另一回事。如果一个社会学家为本科生讲授社会学(大多数社会学家在这个层次教学),他的学生很少会上研究生院去继续攻读这一门学问。甚至很可能,社会学专业的本科毕业生很少有做社会工作的,相反,许多人会进入新闻界、商务管理界或其他任何需要"社会学背景"的职业。在许多一般院校教书的社会学家看到他班上的年轻人拼命追求水涨船高的社会地位,他们在学分制中争抢的是分数;老师知道,即使他把电话簿拿到班上去照本宣科,只要学生期末的成绩册上增加了三个学分,他们就不会在乎老师教得好不好。这样的一个社会学家迟早不得不自问,他从事的是什么职业。即使在上流环境中教书的社会学家到后来也可能会问,为何在三百六十行中他偏偏选择了社会学,在这种环境里从事社会学教学有何意义。他给学生提供的是思想消遣,而学生的社会地位是早已被决定的,他们接受教育是一种特权,而不是为了学习获取这种地位的手段。当然,在常春藤大学里也好,在州立大学里也好,总是有少数学生在乎自己学到了什么,他们真的领会到了所学的精要,你总可以把这些学生作为心中的教育对象。然而从长远来看,这样的教学总是令人沮丧,尤其是在你对自己传道授业的实用性已经有所疑问的时候。这正是道德上敏锐的社会学家在本科教学中应该考问自己的问题。

如果学生上大学是为了得到一个学位以便在他想要去的公司找到一份工作,或者说他获取学位是某种社会地位对他的期待,那么他的老师遭遇的问题和其他社会学家在其他领域面对的是同样的问题。限于篇幅,关于这个问题无法在此地展开论述。然而,社会学家要面对的一个独特的问题和社会学揭露真相、使人醒悟的性质有直接的关系,这是上文业已讨论过的问题。那么,我们不妨问,社会学家有什么权利在年轻人中兜售这些思想上的危险货色呢?须知,年轻人可能会误解并误用老师传授的视角。在研究生中分发社会学的"毒品"也许无关紧要,因为他们是全日制的专业学生,学习社会学已经上瘾;在深入的研究中,这些研究生能够了解什么东西可以成为"解毒剂"。在研究生这个层次从事这样的教学是一回事。然而,倘若在没有机会或是没有意向达到研究生层次的本科生中间大量抛洒"毒品",那就是另一回事了。谁有权利去动摇别人根深蒂固、理所当然的信念呢?为什么要让年轻人明白,他们一直以为牢不可破的事物是不牢靠的呢?为什么要让他们接触腐蚀批判性思维的东西呢?总之,为什么不让他们自己照顾自己呢?

显然,问题的答案在一定程度上有赖于老师的责任和技能。本科一年级的教学法和研究生讨论课的教学法不同。另一个答案可以这样来表述:人们视之为理所当然的结构深深地植根于意识,本科生二年级的一两门课程很难撼动这些盘根错节的东西。"文化震撼"并不是很容易诱发的。大多数人都没有做好准备使自己认为理所当然的世界观中性化,他们不容许自己去直面其中的含义;相反,他们会把它看做社会学课堂上有趣的思想游戏。哲学课上的游戏是:你不看物体的时候它是否存在?社会学课堂上的游戏和哲学课堂上的游戏相仿。在游戏的过程中,你几乎从来不会真的怀疑你此前的常识具有终极的有效性。这第二个答案有长处,但它又难以作为社会学老师教学合理化的依据,因为这个回答只能够用来解释社会学教学未能达到目的的程度。

据信,通识教育(liberal education)不仅仅在源头上和思想解放运动有关系;就此而言,我们认为把社会学纳入大学教学是合理的。在有些地方,这样的设想不存在,教育被理解成纯技术、纯职业培训。在这些地方,人们主张把社会学从教学计划里淘汰出局。当然,如果社会学没有在这样的教育氛围里被阉割,它就可能会对教学计划的顺利实施产生干扰。然而,如果有关通识教育的设想仍然有效,社会学就有合理性,因为人们相信,有自觉意识总比没有自觉意识好,自觉意识本身就是一种自由的状态。在获得较高程度的自觉意识的过程中,在获得较高程度的自由的过程中,人们必然会遭遇一定程度的磨难甚至风险。规避这种磨难和风险的教育将沦为单纯的技术培训,这种培训和心灵的文明开化不再有任何关系。我们认为,在我们这个时代,文明开化的心灵必须要接触社会学,这是心灵文明开化的一部分内容,因为社会学是非常具有现代性的、很合时宜的批判性思想形式。在这样的思想追求里,有些人未必能够发现他们想找的守护神(demon)(韦伯语);然而通过这样的接触,即使这些人也不会像过去那样死守偏见了;对他人的承诺,他们可能会怀抱一点儿怀疑的态度,在社会的旅程中,他们可能会多一点儿怜悯之心。

让我们再次回头审视上文探讨中构想的木偶剧场形象。我们看见木偶在小小的剧场里手舞足蹈,任随木偶线的操纵而上上下下,严格按照角色规定进行表演。我们学会了理解木偶剧场的逻辑,发现自己在追随木偶的表演。在社会生活里,我们也被吊挂在操纵我们的"木偶线"上,我们借此给自己定位,并承认自己的定位。在一刹那间,我们觉得自己很像是木偶。不过随后,我们就捕捉住了木偶剧场和人生戏剧的深刻区别。两者不同的地方是,我们可以停止木偶的演出动作,抬头仰望并感知操纵我们的那一套"木偶线"。这个停止演出的动作是我们走向自由的第一步。在这个动作里,我们发现社会学是人文学科,这个结论具有铁定的合理性。

文献述要

本书宛若一张请柬,邀请读者赴会欢聚。一般地说,请柬不会附带每一位客人的详细信息,这是习惯使然。尽管如此,与会者还是希望多多少少了解其他客人的情况,至少是希望知道从哪里可以找到其他客人的信息。但这是一本小书,倘若附录庞大的参考文献,介绍社会学的各分支学科且包罗无遗,那未免太荒唐。然而,确有一些读者因赴约而兴趣盎然,至少想要窥其堂奥,所以提供少许文献还是应该的。本文献述要的目的仅仅是提出一些建议,让读者知道从哪里入手可以有所收获。此外,有些人名在行文的过程中未能予以解释,所以有必要在此向读者做一点交代。至于收到邀请后究竟想要走多远,显然那就要由读者自己决定了。我们已经做过提醒,这样的探究之旅是不无风险的。

第一章

如果读者是学生,他就会用教科书去学新功课,但即使那样,学生对教本的讨厌也可能是根深蒂固的。这样的厌烦情绪常常是有道理的。但有些教科书显然是例外。罗伯特·麦凯维(Robert M. McIver)的《社会》(*Society*, New York, Farrar and Rinehart, 1937)是一本经典教材,仍然值得一读。希望了解自己社会问题的读者可以看一看小罗宾·威廉姆斯(Robin M. Williams, Jr.)的教材《美国社会》(*American Society*, New York, Alfred A. Knopf, 1951)。在近年编写的教材中,伊利·齐诺伊(Ely Chinoy)的《社会》(*Society*, New York, Random House, 1961)特别明白晓畅。

马克斯·韦伯(Max Weber, 1863—1920)是社会学巨擘,他深深扎根于他的时代中德意志的精神氛围,但是,他的影响远远超越了德国国界。韦伯社会学方法的特点是哲学思想的精深以及他扎实的学术史根基,他掌握众多的文化知识,其范围之广令人惊叹,分析之透彻令人称奇。韦伯认为社会学是一门科学的学问。读者如欲进一步了解这个观点,可以读一篇笔锋雄健的文章《作为天职的科学》("Science as a Vocation"),该文收录在爱德华·希尔斯(Edward A. Shils)和亨利·芬奇(Henry A. Finch)翻译并编辑的英文版《社会科学方法论》(*The Methodology of the Social Sciences*, Chicago, Free Press, 1949)中。这个译本中的其他文章也阐述了韦伯对科学方法的重要论述。

阿尔弗雷德·舒茨(Alfred Schuetz, 1899—1959)是现象哲学家,大半生从事社会学研究,试图为作为科学的社会学奠定哲学基础。他生于奥地利,在德国纳粹占领奥地利后移居美国,在纽约社会研究新型学院执教,直至去世。他对当代社会学家的影响尚局限在小范围内,但随着他的著作的流传,他的影响无疑会与日俱增。海牙的荷兰出版商马丁·尼伊霍夫(Martinus Nijhoff)准备出版三卷本的舒茨英文版选集。

第二章

阿尔伯特·萨洛蒙(Albert Salomon)对法国社会学的历史渊源颇有心得,在《进步的暴政》(The Tyranny of Progress, New York, Noonday Press, 1955)一书里,他对此做了精湛的表述。美国人类学家保罗·雷丁(Paul Radin)研究原始社会,著作颇丰。读者可从他的《作为哲人的原始人》(Primitive Man as Philosopher, New York, D. Appleton and Co., 1927)着手,以此作为入门的向导。霍华德·贝克(Howard Becker)和哈里·巴尼斯(Harry E. Barnes)合著的《从口头传说到科学的社会思想》(Social Thought from Lore to Science, Washington, D. C., Harren Press, 1952)是研究社会思想史及社会学的权威著作。尼古拉斯·蒂马谢夫(Nicholas S. Timasheff)的《社会学理论》(Sociological Theory, Carden City, N. Y., Doubleday and Co., 1955)介绍社会思想发展史,简明扼要,是很好的入门书。

如欲在上述领域深入庙堂,读者或许需要研究弗洛伊德·亨特(Floyd Hunter)的书《社区权力结构》(Community Power Structure, Chapel Hill, University of North Carolina Press, 1953)。如欲了解新教派别组织与官僚体制的关系,读者不妨研读保罗·哈里森(Paul M. Harrison)所著《自由教会传统里的权威和权力》(Authority and Power in the Free Church Tradition, Princeton, Princeton University Press, 1959)。

韦伯的《新教伦理与资本主义精神》(The Protestant Ethic and the Spirit of Capitalism)是社会学有史以来最重要的著作之一。在社会学的发展史上,该书产生了决定性的影响。此外,在关注现代西方经济史和文化史关系的历史学家中,这本书也产生了重大的影响。1905 年,该书初版在德国问世;1930 年,英文版在伦敦出版(George Allen and Unwin),同年,纽约一家出版商(Charles Scribner's Sons)也推出了该书的英文版;1958 年,纽约这家出版商又推出软皮的普及本。

埃米尔·迪尔凯姆(Émile Durkheim,1858—1917)是法国社会学形成期最重要的社会学家。《社会学年鉴》(*Année sociologique*)杂志凝聚了一大群迪尔凯姆的追随者,他们在各自的社会科学领域里工作;他去世之后,这个学派仍然保持着学术活力。迪尔凯姆的社会学坚持孔德开创的实证主义传统,其特点是:强调社会现象的非主观性质,率先使用统计数据,和民族志研究关系密切,意识形态上亲近法兰西共和主义精神。如欲了解迪尔凯姆的社会学思想,可读他简明实用的著作《社会学方法的规则》(*The Rules of Sociological Method*,Chicago,Free Press,1950)。

哥伦比亚大学的罗伯特·默顿(Robert K. Merton)和哈佛大学的塔尔科特·帕森斯(Talcott Parsons)是当代美国最杰出的社会学理论家。默顿探讨了"显性"(manifest)功能和"隐性"(latent)功能,提出其他一些重要的论断,他认为这些论断都是社会学功能学派的研究方法。这些理论见诸他的著作《社会理论与社会结构》(*Social Theory and Social Structure*,Chicago,The Free Press of Glencoe,1957)。

意识形态的概念是法国哲学家德斯蒂·德·特拉西(Destutt de Tracy)提出的,马克思在更严格的社会学意义上使用这一概念。不过,在后继的社会学研究里,这个概念受到极大的修正,远离了它原初的马克思主义概念。长期在瑞士担任教职的意大利学者维尔夫雷多·帕累托(Vilfredo Pareto, 1848—1923)主要以意识形态观念为基础构建了社会学体系,作出了令人瞩目的贡献。他的主要著作被收进了四卷本的英文版《心灵与社会》(*The Mind and Society*, New York, Harcourt, Brace and Co., 1935)文集里。这本大部头著作令人望而生畏,通读颇费脑筋,但有勇气的读者值得一试。塔尔科特·帕森斯在《社会行为的结构》(*The Structure of Social Action*, Chicago, Free Press, 1949)里,率先把帕累托介绍给美国社会学家。帕累托的文字华丽奢靡,倘若读者觉得难以消受,不妨拜读帕森斯这本书,因为它对帕累托最重要的思想做了探讨,且表述言简意赅。当代社会学对意识形态概念最重要的应用,表现在所谓的知识社会学领域。本书第五章对此有比较多的交代。这方面的基础文献是卡尔·曼海姆(Karl Mannheim)的书《意识形态与乌托邦》(*Ideology and Utopia*, Harcourt, Brace and Co., New York, 1955),该书以软皮本形式出版。

　　索斯坦·凡勃伦(Thorstein Veblen, 1857—1929)是美国社会学初创时期最多姿多彩的人物之一。他的社会学研究方法颇具特色:无情揭露的取向,重点关注经济因素对社会发展的影响,倾向于对资本主义社会的猛烈抨击。《有闲阶级论》(*The Theory of the Leisure Class*, New York, Modern Library, 1934)的出发点是分析美国上层阶级,后来成为他一般社会学理论中影响最大的著作。《美国的高等教育》(*The Higher Learning in America*, New York, B. W. Huebsch, 1918)是有史以来抨击力最猛烈的社会学论文,每一页纸上都沾满辛辣的讥讽,充分证明他对美国大学生活的极端失望。这两本书都出了平装本。

　　所谓"芝加哥学派"是社会学家发动的一场运动;他们围绕在

芝加哥大学的罗伯特·帕克(Robert Park)周围,在20世纪20年代发表了大量的研究城市社会的著作。这个学派对城市社会学、社区研究和有关职业的社会学分析产生了持久的影响。莫里斯·斯坦因(Maurice R. Stein)的书《社区的衰落》(*The Eclipse of Community*, Princeton, Princeton University Press, 1960)对帕克的社会学方法论做了很好的探讨。最著名的美国社区研究是罗伯特·林德和海伦·林德(Robert S. and Helen Lynd)对印第安纳州芒西镇(Muncie)居民生活方式的两次调查。他们研究的时间恰好在大萧条前后,书名分别是《中镇》(*Middletown*, New York, Harcourt, Brace and Co., 1929)和《中镇的转型》(*Middletown in Transition*, New York, Harcourt, Brace and Co., 1937)。林德夫妇坚持不懈地深入研究社区意识形态表层下的东西,成就卓著;沿着这条研究路子前进的另一部值得一读的著作是亚瑟·维迪奇(Arthur J. Vidich)和约瑟夫·本斯曼(Joseph Bensman)合著的《大众社会里的小城镇》(*Small Town in Mass Society*, Princeton, Princeton University Press, 1958;软皮本, Doubleday Anchor Books, 1960),该书记述了作者在纽约州北部对乡村社区社会结构的考察,对其阴暗面做了辛辣的嘲讽。

丹尼尔·勒纳(Daniel Lerner)执教于麻省理工学院,讲授社会学,他与露西尔·佩夫斯纳(Lucille W. Pevsner)合著了《传统社会的消逝》(*The Passing of Traditional Society*, Chicago, The Free Press of Glencoe, 1958)。该书研究中东当前的动态,具有极好的社会学视角;此外,其理论阐述了在古老的传统模式中如何衍生出现代的头脑,因而具有更加重要的普遍意义。

第三章

成也好败也好,作者都必须为这一章"补记"里的思想承担责任。不过,作者在这些问题上的思想在很大程度上受到阿尔弗雷德·舒茨教诲的影响,还受到莫里斯·阿布瓦克斯(Maurice Halbwachs)一些思想的影响。

第四章

当代社会学关于社会分层的文献真可谓汗牛充栋。读者不妨参看莱因哈德·本迪克斯(Reinhard Bendix)与塞穆尔·里普赛(Seymour M. Lipset)合编的文集《阶级、地位与权力》(*Class, Status and Power*, Chicago, Free Press, 1953),以此书为向导,可获益良多。库尔特·梅耶尔(Kurt B. Mayer)所著的《阶级与社会》(*Class and Society*, Garden City, N.Y., Doubleday, 1955)研究社会分层的各种问题,言简意赅。

美国社会学家威廉·托马斯(William I. Thomas)与波兰社会学家弗罗里安·兹纳涅茨基(Florjan Znaniecki)合著的《欧洲和美洲的波兰农民》(*The Polish Peasant in Europe and America*)研究移民,卷帙浩繁,第一卷1919年问世(Boston, Richard G. Badger)。托马斯在社会学理论上的许多建树见诸这本里程碑式的著作的脚注和附录。就这样的重要贡献而言,这样的安排并非总是那么方便查阅,却有一丝迷人的色彩。需要说明的是,这部著作标志着美国社会学以经验研究为首要关怀的时期的开始(这个视野颇为狭窄,但我们既不能指责托马斯,也不能埋怨兹纳涅茨基)。

阿诺德·盖伦(Arnold Gehlen)是当代德国社会科学家和哲

学家。他和赫尔穆特·舍尔斯基(Helmut Schelsky)携手推动了第二次世界大战后德国社会学的复兴,产生了很大的影响。就笔者所知,目前盖伦的著作尚无英译本问世。

第五章

查尔斯·霍顿·库利(Charles Horton Cooley)是美国早期社会学家之一,偏重理论,深受欧洲思想影响。他最重要的著作是《人性与社会秩序》(*Human Nature and the Social Order*, New York, Charles Scribner's Sons, 1922)。乔治·赫伯特·米德(George Herbert Mead)也许是美国社会心理学发展史上最重要的人物。他多年在芝加哥大学执教,最重要的著作是《心灵、自我与社会》(*Mind, Self and Society*, Chicago, University of Chicago Press, 1934),该书在他去世后不久问世。米德的著作令人生畏,难以卒读,但对于理解角色理论的基本思想来说是不可或缺的。关于角色理论的最新著述及其普遍意义,读者不妨转向以下著作求教:汉斯·戈特(Hans H. Gerth)和赖特·米尔斯(C. Wright Mills)的《性格与社会结构》(*Character and Social Structure*, New York, Harcourt, Brace and Co. , 1953);欧文·戈夫曼(Erving Goffman)的《日常生活中的自我表现》(*The Presentation of Self in Everyday Life*, Garden City, N.Y. , Doubleday Anchor, 1959);安塞姆·斯特劳斯(Anselm L. Strauss)的《镜子与面具》(*Mirrors and Masks*, New York, The Free Press of Glencoe, 1959);戈夫曼对群体治疗(group therapy)压力的分析意义隽永,其研究见于他的近著《避难所》(*Asylums*, Garden City, N.Y. , Doubleday Anchor, 1961)。

德国哲学家麦克斯·谢勒(Max Scheler)也深受现象学影响。20 世纪 20 年代,他提出知识社会学(他称之为 *Wissenssoziologie*)的理念。他的一些著作已有英文译本,但他论述知识社会学的最重要著作不在其列。社会学家卡尔·曼海姆深受谢勒影响。上文提及的曼海姆的书《意识形态与乌托邦》也是在德国出版的。纳粹上台之后,曼海姆亡命英格兰,并对英格兰社会学科的建立作出重要贡献。上文提及的罗伯特·默顿的著作也对知识社会学做了很好的介绍。关于知识社会学漫谈性质的论述,请见维纳·斯塔克(Werner Stark)的书《知识社会学》(*The Sociology of Knowledge*, Chicago, The Free Press of Glencoe, 1958)。

赫尔穆特·舍尔斯基执教于明斯特大学,他论述现代人宗教意识的文章不仅引起了社会科学家的兴趣,而且激怒了德国的神学圈子。遗憾的是,他的论著尚无英文译本。托马斯·卢克曼(Thomas Luckmann)在纽约市社会研究新型学院任教,他论知识社会学的专著意义隽永,即将出版。

哈佛大学的塔尔科特·帕森斯是当今美国最出色的社会学理论学派的奠基人。他着手把欧洲社会学古典理论与其他社会科学学科的理论方法整合起来,尤其着力对社会学古典理论与人类学、心理学和经济学进行整合。帕森斯的思想体系名为"行动理论"(theory of action),引起了美国社会学界广泛的注意和辩论。他著作丰硕,关于他研究方法最简要的归纳,可参见他的书《社会体系》(*The Social System*, Chicago, Free Press, 1951)。

关于参照群体理论(reference-group theory)及其广泛的社会学含义,请见上述默顿的著作,那是很好的入门书。关于参照群体理论作为角色理论和知识社会学之间的连接点的观点,本书作者认为最有利于透彻理解的是椁幸雄(Tamotsu Shibutani)的一篇文章,题名《作为视角的参照群体》("Reference Groups as Perspectives," *American Journal of Sociology*,1955),这篇文章具有指引方向的意义。

第六章

关于社会学方法论最优秀的入门书之一是费利克斯·考夫曼(Felix Kaufmann)的《社会科学方法论》(*Methodology of the Social Sciences*,New York,Oxford University Press,1944)。帕森斯对韦伯社会学和迪尔凯姆社会学关系的研讨见于上文引述过的《社会行为的结构》。

关于韦伯论神授魅力的部分论述,可以参见汉斯·戈特和赖特·米尔斯翻译和编辑的《韦伯社会学文选》(*From Max Weber*,New York,Oxford University Press,Galaxy Book,1958)。卡尔·梅耶尔(Carl Mayer)在纽约市社会研究新型学院任教,他论述宗教教派的著作在20世纪30年代初于德国出版,但尚无英译本问世。

戈夫曼对"囚徒"("inmate")的命运的解释见于上述著作《避难所》。在《邂逅》(*Encounters*,Indianapolis,Bobbs-Merrill,1961)里,他进一步阐述了自己提出的"角色距离"概念。

格奥尔格·齐美尔(Georg Simmel,1858—1918)也是德国古典社会学家。他的社会学研究方法的特点是,在对各种社会学问题的分析中表现出浓厚的哲学兴趣,同时表现出天主教学者的视野。他被认为是社会学形式学派的奠基人。在他去世之后,里奥波尔德·冯·怀斯(Leopold von Wiese)等在德国继承并发展了形式学方法论。齐美尔最佳的英文版选集由库尔特·沃尔夫(Kurt H. Wolff)编辑,题名《格奥尔格·齐美尔社会学文集》(*The Sociology of Georg Simmel*, Chicago, Free Press, 1950)。齐美尔提出的"社交"(sociability)理论也见于这一本文集。

荷兰学者约翰·赫伊津哈(Johan Huizinga)给人启迪的《游戏的人》有英文版软皮本问世(*Homo ludens*, Beacon Press, Boston, in 1955)。莫里斯·纳坦森(Maurice Natanson)曾受业于阿尔弗雷德·舒茨,如今他在北卡罗莱纳大学教哲学,他的文集不久前问世,题名《文学、哲学与社会科学》(*Literature, Philosophy and the Social Sciences*, The Hague, Nijhoff, 1962)。

第七章

这一章"补记"里提到的书是笔者所著的《不确定的视像》(*The Precarious Vision*, Garden City, N. Y., Doubleday and Co., 1961)。该书从基督教信仰的观点来探讨社会学思想的隐含命题。至于本章提及的伦理问题,该书亦有篇幅进行阐述,对那些和宗教社会学有关的伦理问题,该书尤其用心进行论述。

第八章

围绕社会学作为一个科学学科在现代世界的角色展开的种种重要讨论,读者可以参阅罗伯特·林德的书《知识为何?》(*Knowledge for What?*, Princeton, Princeton University Press, 1939),亦可以参阅弗罗里安·兹纳涅茨基所著《知识人的社会角色》(*The Social Role of the Man of Knowledge*, New York, Columbia University Press, 1940)。不久前发表的研究同一课题的另一篇文章是爱德华·希尔斯(Edward A. Shils)的《社会学的天职》("The Calling of Sociology"),载于塔尔科特·帕森斯等人编辑的《社会理论》(*Theories of Society*, New York, The Free Press of Glencoe, 1961)。希尔斯的文章和笔者的观点十分接近,不过,在把社会学看做人文学科方面,他的观点不如本人走得远。

索 引

（以下页码为原书页码，即本书边码）

Academic life，学术生活 9-10；German influence，德国学术生活的影响 14-15；sociologists in，学术生活中的社会学家 171-76

Acceptance，接受 72，120

Adjustment，调节，适应 64

Affiliation：identity and，关联：身份与关联 101-2；reference-group theory，参照群体理论 119-20

Alternation，选择，51-52；biography and，选择与生平叙事 54-65；defined，选择的定义 63；ecstasy，选择的游离 136；identity，身份选择 103-4。又见 Conversion

America, sociology in，美国社会学 3，9，12，43

Anti-Semitism，反犹主义 102-3；Jewish reactions to，犹太人对反犹主义的反应 157；Sartre on，萨特论反犹主义 144

Appelations，"bad faith,"名称，称呼，"自欺"157

Areas of transition，过渡区 44

Attitude, role and，态度，角色与态度 96-97

"Bad faith,""自欺"143-44, 147, 149; appellations and, 称呼与"自欺"156-57; understanding and, 理解与"自欺"153-54

Barnes, Harry E., 哈里·巴尼斯, *Social Thought from Lore to Science*,《从口头传说到科学的社会思想》179

Becker, Howard, 霍华德·贝克, *Social Thought from Lore to Science*,《从口头传说到科学的社会思想》179

Bendix, Reinhard, 莱因哈德·本迪克斯, *Class, Status and Power*,《阶级、地位与权力》182

Bensman, Joseph, 约瑟夫·本斯曼, *Small Town in Mass Society*,《大众社会里的小城镇》181

Berger 伯格, *Precarious Vision*,《不确定的视像》185-86

Bergson, Henri, 亨利·伯格森 56

Biography: alternation, 人生阅历:思想改变54-65; role theory, 人生阅历:角色理论105

Black Muslims, 黑人穆斯林52

Brainwashing, 洗脑64, 105

Buber, Martin, 马丁·布伯161

Buddha, 佛126

Capital punishment, 极刑, 死刑160-61

Catholicism, 天主教51, 52; conversion to, 皈依天主教59; "formation,""养成"98; intellectual attraction, 思想魅力50

Charisma: theory, 神授魅力:理论126-28, 129; writings on, 论神授魅力的著作185

"Chicago school,""芝加哥学派"46, 181

Chinoy, Ely, 伊利·齐诺伊, *Society*,《社会》178

Christianity, conversion to, 基督教,皈依基督教62

索引 219

Christophe, King of Haiti, 海地国王克里斯托夫 69

Class system: concept, 阶级制度: 观念 79-83; deviances, 偏离阶级制度的正轨 81

Comte, Auguste, 奥古斯特·孔德 6-7, 154; positivism, 孔德的实证主义 179

Conduct, defined, 行为举止, 定义 101

Controls: fallibility, 控制: 不可靠 125; freedom from, 控制下的自由 141; individual-mass deviance, 个人—大批人对控制的偏离 130; resistance to, 对控制的抗拒 130 ff. 又见 Social controls

Control systems, 控制系统 93; confirmation needed, 需要确认控制系统 129; -role theory, 控制系统—角色理论 109-10

Conversion, 改宗, 皈依, 归附 50-51; intellectuals and, 知识分子与信仰改变 50; religious, 宗教信仰改变, 改宗 58, 59, 61, 62

Cooley, Charles H., 查尔斯·霍顿·库利 94; *Human Nature and the Social Order*,《人性与社会秩序》183; self, description, 库利的自我描绘 100

Cooperation, in social captivity, 合作, 社会囚笼里的合作 121, 125, 128, 129

Cosmopolitan motif, 世界眼光的母题 52-53

Counter-societies, "反社会" 132

Crime, defined, 犯罪, 界定 130

"Cultural lag," "文化滞后" 4, 8

"Culture shock," "文化震撼" 23, 174

Death, *das Man concept*, 死亡, "人"的观念 146-47

Debunking motif, 揭露的母题 38, 39, 41-42, 43, 137, 174

Deception, 欺骗 145

Definition: of situation, 定义:情景的定义 84, 94-95; social change, 社会变革的定义 129-30

Demara, Jr., Ferdinand W., 费迪南德·沃尔多·戴马拉 134-35

Detachment, 疏离,超然 129, 132-33, 136, 137

De Tocqueville, Alexis, 托克维尔 42

Dignity: duplicity in, 尊严:尊严中的口是心非 135; social permission, 社会允许的尊严 103

Disenchantment, sociological understanding, 祛魅,社会学的理解 162-63

Drama, society as, 戏剧,作为戏剧的社会 122-50

Durkheim, Émile, 埃米尔·迪尔凯姆 39-40, 91, 115, 121, 128, 154; biography, 迪尔凯姆简介 179-80; objectivity, 迪尔凯姆论社会的客观性 125; *Rules of Sociological Method*, 《社会学方法的规则》180

Economics: "dismal science," 经济学:"令人沮丧的科学" 93; necessity, 经济学的必要性 25; sanctions, in social control, 制裁,社会控制里的经济制裁 71, 75-76

Economist, 经济学家 19, 20, 27, 28; -sociologist, perspective difference, 经济学家和社会学家视角之分别 27

"Ecstasy," "游离" 152; concept, "游离"的概念 136-38; significance, "游离"的意义 149-50; sociology as prelude to, 作为"游离"先导的社会学 152

Eichmann, Adolf, 阿道夫·埃希曼 161

Emotion, role and, 情绪,角色与情绪 96

Ethics: and Machiavellianism,

伦理：伦理与马基雅弗利主义 151-63；scientific neutrality，伦理意义上的科学的中立 154

Europe：class system，欧洲：阶级体系 82-83；sociology，欧洲的社会学 169；of knowledge，欧洲的知识社会学 110

Existentialism，存在主义 61，142-43

Façades，（建筑物的）立面，外表 31-36

"Familism," social controls，"家庭主义"及其社会控制功能 77-78

Finch, Henry A.，亨利·芬奇 178；*Methodology of the Social Sciences*，《社会科学方法论》178

France：Durkheim school，法国：迪尔凯姆学派 39-40；sociology，迪尔凯姆社会学 6-7，12，42，154-55，178

Fraud, importance of，假话，假话的重要地位 73

Freedom，自由 122-24；consciousness，自由意识 149-50，175；man's choice，人的自由选择 142-43，145；reality of，自由的现实情况 125；from social controls，摆脱社会控制的自由 141

French Revolution，法国大革命 42，130

Freudianism, appeal of，弗洛伊德主义，弗洛伊德主义的吸引力 168

Functionalism，功能主义 40

García Lorca, Federico，费德里科·加西亚·洛尔迦 147

Gehlen, Arnold，阿诺德·盖伦 182；theory of institutions，盖伦的制度理论 87，88，142

Geographical mobility，地理流动（性）58-59，60

Germany：historicism，德国：历史主义 110；influence on American academic life，德国对

美国学术生活的影响 14-15；Nazis，德国纳粹 48，105，108，109，144，160；post World War II，第二次世界大战以后的德国 182，sociology，德国社会学 13，42，77

Gerth, Hans，汉斯·戈特 109；*Character and Social Structure*，《性格与社会结构》183；*From Max Weber*，《韦伯社会学文选》185

Gide, André，安德烈·纪德 134

Goffman, Erving，欧文·戈夫曼 104，134，135；*Asylums*，《避难所》183，185；*Encounters*，《邂逅》185；*Presentation of Self in Everyday Life*，《日常生活中的自我表现》183

Gossip，闲话 71，72，76

Government, humanism in，政府，政府机构里的人文主义 169-70

Granet, Marcel，马塞尔·葛兰言 115

Group：dynamics，群体:动力学 72；opinions，舆论的群体动力学 120；primary，初级群体 71；therapy，群体治疗 104-5，183

Groups，群体，见 Reference-group theory

Halbwachs, Maurice，莫里斯·阿布瓦克斯 182

Harrison, Paul M.，保罗·哈里森，*Authority and Power in the Free Church Tradition*《自由教会传统里的权威和权力》179

Heidegger, Martin，马丁·海德格尔，*das Man* concept，"人"的观念 146-48

Hindu：caste system，印度:种姓制度 82；transmigration of soul，印度教中的灵魂转世 107；world view，印度教的世界观 115

Historians：evolution and，历史学家:演化与历史学家 56；

"periodization," 历史学家的"历史分期" 54; -sociologist, 历史学家和社会学家的关系 20

"Historicism," "历史决定论" 42

History: ironic aspect, 历史: 历史反讽的一面 39; -sociology, 历史学与社会学 168-69; tie to past, 与过去紧紧相连的历史 127

Homosexuality: "bad faith," 同性恋: "自欺" 159; understanding, 对同性恋的理解 156, 158-60

Hughes, Everett, 埃弗雷特·休斯 46

Huizinga, Johan, 约翰·赫伊津哈, *Homo ludens*, 《游戏的人》185

Humanism, 人文主义 169; sociology and, 社会学与人文主义 161-62。又见 Humanistic discipline

Humanistic discipline, 人文学科 164-76

Humanization, 人性化, 教化 155, 156

Hunter, Floyd, 弗洛伊德·亨特 33; *Community Power Structure*, 《社区权力结构》179

Hyman, Herbert, 赫伯特·海曼 118

Ideas, social location, 思想, 思想的社会定位 110。见 Sociology of knowledge

Identity, 身份 48-49; affiliations, 身份归属 101-2; bestowal of, 身份的赋予 98-100; character, 身份的性质 100, 102; consistency, 身份的一致性 107; in psychoanalysis, 心理分析里的身份 104; recognition and, 承认与身份 129; role, 身份角色 98; segregation of consciousness, 身份隔离意识 108-9; sustaining, 身份的维持 98, 100-1; transforming, 身份的

改变 58-59,98,103。见 Role theory

Ideology, 意识形态 111-12; community, 社区意识形态 181; concept, 意识形态观念 41, 112, 180; defined, 意识形态的定义 111;"latent" functioning, 意识形态的"隐性"功能 113, 114; Marxian concept, 马克思主义的意识形态概念 180

Industrial sociology, 工业社会学 35; humanism, 工业社会学的人性关怀 169-70; 工业社会学里的巧妙利用 manipulation, 134

Instincts-institution, similarity, 本能—直觉,二者的相似性 88

Institutions: defined, 制度:制度的定义 87; imperative, 制度指令 88-90; -instincts, 制度产生的本能 88; "person selection,"制度的"人员选择" 110; theory, 制度理论 142

Intellectuals and conversion, 知识分子与思想转化 50

Internalization, 内化 121

James, William, 威廉·詹姆斯 94

Jews: "ecstasy," 犹太人:"游离" 137; prejudice and, 偏见与犹太人 102-3。见 Anti-Semitism

Kaufmann, Felix 费利克斯·考夫曼, *Methodology of the Social Sciences*,《社会科学方法论》, 184

Kierkegaard, Søren, 索伦·克尔恺郭尔 154

Kinsey studies, 金赛博士的研究报告 8, 11

Knowledge, sociology of, 知识社会学 41, 94, 110-18, 120, 137, 183-84

Lawyer-sociologist perspective difference, 律师与社会学家视角的差别 28-29

Lerner, Daniel, 丹尼尔·勒纳 48; *Passing of Traditional Society*,《传统社会的消逝》, 48, 181; *Society of Middle East*,《中东社会》82

Lipset, Seymour M., 塞穆尔·里普赛, *Class, Status and Power*,《阶级、地位与权力》182

Listening, 倾听 166-67

Literature, manipulation in, 文学里的巧妙利用 134

Location：man's, in society, 定位：人在社会里的定位 66-92, 102; rules, 定位规则 68; social, 社会定位 93-94

Luckmann, Thomas, 托马斯·卢克曼 116, 184

Luther, Martin, 马丁·路德 88

Lynd, Helen, 海伦·林德 46, 47, 181

Lynd, Robert, 罗伯特·林德 46, 169; *Knowledge for What?*,《知识为何？》186; *Middletown*,《中镇》46, 47, 181; *Middletown in Transition*,《中镇的转型》46, 47, 181

Machiavellianism, 马基雅弗利主义 170; ethics and, 伦理与马基雅弗利主义 151-63

McIver, Robert M., 罗伯特·麦凯维, *Society*,《社会》177

Man：concept, 人：人的观念 149; desire to obey, 人的服从的欲望 93; in society, 人在社会 66-92; Heidegger concept, 海德格尔关于人的观念 146-48; society in, 社会在人 93-121

"Manifest" function concept, "显性"功能观念 40-41

Manipulation, 操纵, 巧妙利用 129, 133-36

Mann, Thomas, 托马斯·曼 134

Mannheim, Karl, 卡尔·曼海姆 137; *Ideology and Utopia*,《意识形态与乌托邦》

180, 183

Marriage, 婚姻 35-36; institution of, 婚姻制度 88-89; past and, 历史与婚姻 85-87

Marx, Karl, 卡尔·马克思 41, 42, 100, 112; ideology, 马克思的意识形态 112, 180

Marxism, 马克思主义 179; appeal, 马克思主义的吸引力 168

Maturity, 成熟 55-56, 64

Mayer, Carl, 卡尔·梅耶尔 132, 185

Mayer, Kurt B., 库尔特·梅耶尔, *Class and Society*,《阶级与社会》182

Mead, George H., 乔治·米德 94, 99; biography, 米德生平 183; "generalized other," "泛化的他人" 146; *Mind, Self and Society*,《心灵、自我与社会》183; sociability, 社交（性）140

Meinecke, Friedrich, 弗里德里克·梅内克 153

Memory, 记忆 106

Merton, Robert, 罗伯特·默顿 40, 113, 118; *Social Theory and Social Structure*,《社会理论与社会结构》180, 183, 184; theorist, 作为理论家的默顿 180

Methodology, 方法论 12-14, 17

Mills, C. Wright, 赖特·米尔斯 109; *Character and Social Structure*,《性格与社会结构》183; *From Max Weber*,《韦伯社会学文选》185

Mobility, 流动（性）49-50。见 Social mobility

Morality, in social control, 道德，社会控制中的道德 74

Musil, Robert, 罗伯特·穆齐尔 109

Natanson, Maurice, 莫里斯·纳坦森 142, 185; *Literature, Philosophy and the Social Sciences*,《文学、哲学与社会科学》185

Negro，黑人 44；prejudice and，偏见与黑人 102-3；segregation, preludes to，种族隔离，种族隔离的前奏 130；understanding，对黑人的理解 157-58。见 Race 之下的 system

Nietzsche, Friedrich，弗里德里克·尼采 30, 110

Nihilism, defined，虚无主义，虚无主义的定义 137

Nijhoff, Martinus，马丁·尼伊霍夫 178

Occupations：controls in，职业：职业里的控制 75, 76；sociological study of，职业的社会学研究 46

Opprobrium，耻辱，指责 71, 73, 76, 77

Ortega y Gasset, José，何塞·奥尔特加·伊·加塞特 146

Parent-child incomprehension，亲子之间的不理解 60

Pareto, Vilfredo，维尔夫雷多·帕累托 41；*Mind and Society*，《心灵与社会》180

Park, Robert，罗伯特·帕克 46, 181

Parricide，弑亲 60

Parsons, Talcott，塔尔科特·帕森斯 118, 125；biography，帕森斯传略 184；*Social System*，《社会体系》184；*Structure of Social Action*，《社会行为的结构》180, 184-85；*Theories of Society*，《社会理论》186；theorist，理论家帕森斯 180, 184

Past, reshaping，过去，重塑过去 56-57

Periodization，（历史）分期 54；conversion and，改宗与（人生）分期 61-62

Personality, sociological view of，人格，社会学的人格观念 105-6。又见 Role theory

"Person selection,"，"人员选择" 109-10

Perspective, sociological，视角，社会学视角 25-27, 29,

30, 31

Persuasion, 规劝 71

Pevsner, Lucille W., 露西尔·佩夫斯纳, *Passing of Traditional Society*,《传统社会的消逝》48, 181

Philosophy, sociology and, 哲学,社会学与哲学 168, 169

Play: social roles, 游戏:社会角色 140; sociopsychological function, 游戏的社会心理学功能 99

"Playing society," "与社会游戏" 139, 140

"Ploy," "策略" 131

Political scientist, 政治学家 19, 20

"Polity" of a denomination, 教会的"管理体制" 33-34

Polls, 民意测验 8, 9

Positivism, appeal of, 实证主义,实证主义的吸引力 168

Potter, Stephen, 斯蒂芬·波特 130-31, 135

Prejudice, 偏见 102-3, 158

Prestige, 威望 79

Problems, sociological, 问题,社会学问题 36-38

Protestantism: fundamentalism, 新教:新教原教旨主义 113-14, 116; Southern, and Black Belt, 南方、黑人带与新教 113。又见 Weber, Max

Psychoanalysis, 心理分析 51, 52; alternation, 心理分析与选择 103-4; biography and 人生阅历与心理分析 62-63; and conversion, 心理分析与信仰改变 50; identity in, 心理分析中的身份 104; transference, 心理分析中的"移情" 104

Psychologist, 心理分析师 19; experimental, 实验心理分析师 13; popular image, 心理分析师在公众心目中的形象 1-2; selective perception, 心理分析师的选择性感知 56

Psychology: behavioristic, 心理学:行为主义心理学 124;

索引 † 229

Buddhist,佛家心理学 107；popular image,心理学在公众心目中的形象 4；social work,社会工作与心理学 3-4

Race：concept,种族：观念 157-58；sociology lecture,在社会学授课中讲述种族问题 22-23；system,种族制度 83-84；understanding of,对种族的理解 155-56；theory,关于种族的理论 112, 113, 114

Radin, Paul,保罗·雷丁 31；*Primitive Man as Philosopher*,《作为哲人的原始人》178

Reality：definitions,现实：现实的定义 129；"okay world,""安然无虞的世界"147-49, 150；positivism,实证主义的现实观 124；understanding,对现实的理解 84。见 Social reality

Recognitions,承认 101-3；need,获得承认的需要 129；role consistency,对角色一致性的承认 107

Reference-group theory,参照群体理论 94, 118-20, 184

Relativization,中性化 48-52, 175；awareness of,中性化意识 50；existential problem,存在的问题的中性化 54 ff.；of own culture,自己的文化的中性化 49

Religion：consciousness of man,宗教：人的意识 184；literature on,论宗教的文献 185；social location,宗教的社会定位 115；sociology of,宗教社会学 115-17, 185

Research, scope,研究,研究范围 166, 167

Resistance, theories,抵制,关于抵制的理论 129, 132

Responsibility, man and,责任,人与责任 144

Revolution：defined,革命：革命的定义 130；preludes to,革命序曲 130；transformations of consciousness，革命意识的转变 136

Ridicule，讥讽 71，72，76，77，92

Riesman, David，大卫·里斯曼 41，81，109

Role: changing，角色:变化中的角色 98；child and，儿童与角色 99；defined，角色的定义 95；identity and，身份与角色 98；inner discipline，角色的内在修炼 98

"Role distance," concept，"角色距离"，"角色距离"的观念 135-36，137，185

Role-playing: "bad faith,"角色扮演: "自欺" 143-45；methods，角色扮演的方法 145

Role theory，角色理论 94-110，118，120，183；automatic quality，角色的自动性 109；consistency，角色的一致性、连贯性 107-9；-control systems，角色理论与控制系统 109-10；significance，角色理论的意义 98-99

Russian Revolution，俄国革命 130

Salomon, Albert，阿尔伯特·萨洛蒙 29，30，130；*Tyranny of Progress*，《进步的暴政》178

Sanity，健全 64

Sartre, Jean-Paul，让-保罗·萨特 142-43；on anti-Semitism，萨特论反犹主义 144，159；"bad faith，"萨特论"自欺" 154

Scheler, Max，麦克斯·谢勒 110，183

Schelsky, Helmut，赫尔穆特·舍尔斯基 116，182，184

Schuetz, Alfred，阿尔弗雷德·舒茨 24，85，117，142，182，185；biography，舒茨传略 178

Scientific discipline，科学学科 186

Scientific procedures，科学方法 166

Scientists, 科学家 16-17, 164

Selective perception, 选择性感知 56-57

Self: Buddhist psychology, 自我: 佛教心理学 107; deception, 欺骗 145; description of, 自我描绘 100; discontinuity of, 自我的非连续性 106

Shibutani, Tamotsu, 椁幸雄 118; "Reference Groups as Perspectives,"《作为视角的参照群体》184

Shils, Edward, 爱德华·希尔斯 169; "Calling of Sociology,"《社会学的天职》186; *Methodology of the Social Sciences*,《社会科学方法论》178

Simmel, Georg, 格奥尔格·齐美尔 139-40, 185

Sincerity, defined, 诚实,诚实的定义 109

Situation, 情景 94-95, 131

Sociability, theory of, 社交,社交理论 139-40, 185

Social controls, 社会控制 68-78; expansion,社会控制的扩张 74; freedom from, 免于社会控制 141; fraudulence, as basis, 基于欺骗的社会控制 73; institutional counseling, 机构推出的劝告性社会控制方式 75; mechanisms, 社会控制机制 68-73, 74, 82; resistance to, 对社会控制的抵制 132

Social existence, paradox, 社会存在,社会存在的悖论 129

Social mobility, 社会流动(性) 57, 59-61, 173; class society, 阶级社会的流动性 79; consequence, 社会流动的后果 60

Social position, rewards, 社会地位的报偿 78

Social reality, 社会现实 121; deception, 社会现实里的欺骗 145; humanizing view of, 关于社会现实的教化观点 155-56; perspective, 社会现

实视角 128; self-deception, 社会现实的自我欺骗 145
Social reformer, 社会改良者 6-8
Social relationships, 社会关系 64
Social sciences, 社会科学 170
Social scientists, 社会科学家 164 ff.
Social stratification, 社会分层 68, 78 ff.; past and, 历史与社会分层的关系 85-87
Social work, 社会工作 3-4, 8, 37
Socialization, defined, 社会化, 社会化的定义 99
Society: authenticity in, 社会: 社会里的"本真"概念 149; "bad faith," "自欺" 143-45, 147; as comedy, 作为喜剧的社会 163; control systems, 社会控制系统 93; as drama, 社会如戏 122-50; in man, 社会在人 93-121; man's location in, 人在社会里的定位 66-92; meaning of term, "社会"术语的意义 25-27; in medieval Christendom, 中世纪基督教世界的社会 30; modern concept, 现代的社会观念 29-30; "okay world," "安然无虞的世界" 147-50; "person selection," "人员选择" 109-10; position of, 社会地位 121; power, 社会权力 93; production of men it needs, 社会生产它需要的人 110; sabotaging, 社会破坏 131-32; "things," in, 社会中的"事物" 91

Sociological consciousness, 社会学意识 38, 42, 46, 47, 54; dimensions, 社会学意识的维度 52; frame of reference, 社会学意识的参考框架 65

Sociological perspective, 社会学视角 65; and ethical sensitivity, 社会学视角与伦理敏感性 153; man in society, 人在社会的社会学视角 66-92;

social controls, 社会控制的社会学视角 68-78; social stratification, 社会分层的社会学视角 68, 78 ff.; society as drama, 社会如戏的社会学视角 122-50; society in man, 社会在人的社会学视角 93-121

Sociological thought, 社会学思想 30-31

Sociologism, defined, 唯社会学主义, 唯社会学主义的定义 168

Sociologist: action, 社会学家: 活动 19; fields, 社会学家活动的领域 2-3; -historian relationship, 社会学家与历史学家的关系 20; "ideal type," "理想型"的社会学家 16-17; image of, 社会学家的形象 1-3, 6, 8-9, 11, 15-16; interest, 社会学家的兴趣 17-19; nature, 社会学家的性质 18-20; "social reformer," 作为"社会改良家"的社会学家 6-7

Sociology: application, 社会学: 应用 7-8, 17; excitement, 令人激动的社会学研究 21-24; form of consciousness, 社会学意识的形式 25-53; as a humanistic discipline, 作为人文学科的社会学 164-76; humanistic justification, 社会学人性关怀的道理 24; jobs, 社会学研究工作 156-57, 158; main concern, 社会学的主要关怀 167; methodology, 社会学研究方法 12-13; passion of, 社会学的激情 24; purpose, 社会学的宗旨 16; as science, 作为科学的社会学 12; self-understanding, 社会学的自我理解 164 ff.; social work, 社会工作 4; study of, 社会学研究 1-3; teaching, 社会学教学 171-76; theory, 社会学理论 9; an understanding, 社会学的理解 4-5; "value-free," "价值无涉的"

社会学 5-6

Sociology of knowledge, 知识社会学 41, 94, 110-18, 120, 137, 183-84; defined, 知识社会学的定义 110; origin, 知识社会学的源头 110; significance, 知识社会学的意义 114; tendency, 知识社会学的发展趋势 114

Stark, Werner, 维纳·斯塔克, *Sociology of Knowledge*, 《知识社会学》183-84

Statistical techniques, 统计技巧 9-11, 17

Status symbolism, 地位象征 79

Stein, Maurice R., 莫里斯·斯坦因, *Eclipse of Community*, 《社区的衰落》181

Stoics, 斯多葛派 132

Stratification: class system, 分层:阶级制度 79; literature, 关于社会分层的文献 182; meaning, 社会分层的意义 78; systems, 分层体制 78, 79, 165; theory, 社会分层理论 78。见 Social stratification

Strauss, Anselm L., 安塞姆·斯特劳斯, *Mirrors and Masks*, 《镜子与面具》183

Subcultures, 亚文化 132-33, 169

Suicide, Durkheim on, 自杀, 迪尔凯姆论自杀 40

"System, the," concept, "体制"的概念 67, 68

Terminology, 术语 14-15, 17, 25-27

Theology, necessity of, 神学, 神学的必要性 25

Thomas, William I., 威廉·托马斯 84; definition of situation, 托马斯对情景的定义 94, 118, 125; *Polish Peasant in Europe and America*, 《欧洲和美洲的波兰农民》182

Timasheff, Nicholas, S., 尼古拉斯·蒂马谢夫, *Sociological Theory*, 《社会学理论》179

Totalitarianism: espionage in, 极

权主义:间谍工作 6; sociology and, 社会学与极权主义 47-48

Transference, "移情" 104, 见 Alternation

Transformation: frequency, 转化,变化:频率 106 ff.; of social definitions, 转化的社会定义 129

Transmigration of soul, 灵魂转世 107

Unrespectability motif, 关于不敬的母题 43-47, 52

Urban studies, 都市研究 45-46, 181; "ecstasy," 都市研究中的"游离" 137; role segregation, 都市研究中的角色分离 107-8; sociology and, 社会学与都市研究 7; subworlds, 都市研究中的亚世界 132-33

U. S. Supreme Court desegregation decision (1954), 美国联邦最高法院废除种族隔离制的裁决(1954年)7, 44

Universal causality, 普世的因果关系 122-23

Universities, 大学 171-72; -church resemblance, 大学与教会的相似性 172; Veblen on, 凡勃伦论大学 181。见 Academic life

Vaihinger, Hans, 汉斯·费英格 145

Values, 价值 166-67

Veblen, Thorstein, 索斯坦因·凡勃伦 44-45; biography, 凡勃伦生平 180-81; *Higher Learning in America*,《美国的高等教育》45, 181; *Theory of the Leisure Class*,《有闲阶级论》45, 181

Vidich, Arthur J., 亚瑟·维迪奇, *Small Town in Mass Society*,《大众社会里的小城镇》181

Violence, 暴力 69-71

Wealth,财富 79

Weber, Max,马克斯·韦伯 5,18,38-39,115,123,139,175;biography,韦伯生平 153,178,179;charisma theory,韦伯的神授魅力理论 126,127;class, definition of,韦伯的阶级定义 79;historical orientation,韦伯的历史取向 128;*Protestant Ethic and the Spirit of Capitalism*,韦伯的《新教伦理与资本主义精神》38,179;"social" situation,韦伯论"社会"情景 27;sociology,韦伯社会学 38-39;subjectivity,韦伯论主体性 125-26

Weltanschauung,世界观,人生观 46,50,61,63,65,119

Wiese, Leopold von,里奥波尔德·冯·怀斯 185

William, Jr., Robin M.,小罗宾·威廉姆斯,*American Society*,《美国社会》177

Winning, secret of,赢的秘密 152

Wolff, Kurt H.,库尔特·沃尔夫,*Sociology of Georg Simmel*,《格奥尔格·齐美尔社会学文集》185

World view:individual,世界观:个人的世界观 117;roles and,角色与世界观 120

Zen Buddhism,禅宗 119;*Satori*,开悟 62

Znaniecki, Florian,弗罗里安·兹纳涅茨基 169;*Polish Peasant in Europe and America*,《欧洲和美洲的波兰农民》182;*Social Role of the Man of Knowledge*,《知识人的社会角色》186

译者后记

我翻译过两本社会学的经典著作:《模仿律》(中国人民大学出版社2007年版)和《与社会学同游》。《模仿律》问世在一个世纪之前,作者加布里埃尔·塔尔德(Gabriel Tarde, 1843—1904)是法国社会学三大创始人之一。《与社会学同游》初版于1963年,距今将近半个世纪,也经久不衰。

二十年来,我翻译的社会科学译著跨越人类学、社会学、文化史、思维科学、传播学、政治学、心理学等学科,我从中悟出了一个道理:原来社会科学是相通的。现代学科的两个走向是分科和整合,分科是近代以来的大趋势,整合是20世纪后半叶开始的潮流。我还悟出一个道理:各个民族和各种文化是相通的,人类的心灵是相通的。

承蒙北京大学社会学系教授高丙中先生审读清样。他深钻细研,提出的建议非常专业,非常具体,包括对书名和术语的琢磨,特在此深表谢忱。

感谢北京大学出版社周丽锦女士的重托,伯格这本书给了我学习社会学的机会。两年来,我们频繁地进行电子邮件交流,这使我们在翻译出版的每一个环节都能够确保高效率、高质量和高品位。另外，感谢仪玟兰女士仔细的校对工作。复旦大学新闻学院的曹晋老师在版权引进过程中也做了大量工作，一并表示谢忱。

何道宽

深圳大学传媒与文化发展研究中心

2014年6月

译者介绍

何道宽,深圳大学英语及传播学教授、政府津贴专家、资深翻译家,曾任中国跨文化交际研究会副会长,现任中国传播学会副理事长、深圳市翻译协会高级顾问,从事英语语言文学、文化学、人类学、传播学研究三十余年,著作和译作近六十种,逾1500万字。著作有《夙兴集:闻道·播火·摆渡》《中华文明撷要》(汉英双语版)、《创意导游》(英文版)。电视教学片有《实用英语语音》。译作逾五十种,要者有:《思维的训练》《文化树》《理解媒介》《麦克卢汉精粹》《数字麦克卢汉》《交流的无奈:传播思想史》《麦克卢汉:媒介及信使》(含一、二版)、《思想无羁:技术时代的认识论》《传播的偏向》《帝国与传播》《手机》《真实空间》《麦克卢汉书简》《传播与社会影响》《新政治文化》《麦克卢汉如是说》《媒介环境学》(含简体字版和繁体字版)、《技术垄断》(含简体字版和繁体字版)、《模仿律》《莱文森精粹》《游戏的人》《与社会学同游》《伊拉斯谟传》《中世纪的秋天》《口语文化与书面文化》《传播学批判研究》《重新思考文化政策》《17世纪的荷兰文明》《裸猿》《人类动物园》《亲密行为》《作为变革动因的印刷机》《超越文化》《无声的语言》《传播学概论》(施拉姆)、《新新媒介》《软利器》《迫害、灭绝与文学》《菊与刀》《理解新媒介:延伸麦克卢汉》《字母表效应》《变化中的时间观念》《文化对话》《媒介、社会与世界》《群众与暴民:从柏拉图到卡内蒂》《互联网的误读》等。论文有《介绍一门新兴学科——跨文化的交际》《比较文化之我见》《中国文化深层结构中崇"二"的心理定势》《论美国文化的显著特征》《和而不同息纷争》《多伦多传播学派的双星:伊尼斯与麦克卢汉》《异军突起的第三学派——媒介环境学评论之一》《麦克卢汉:媒介理论的播种者和解放者》《莱文森:数字时代的麦克卢汉,立体型的多面手》等。